"十三五"普通高等教育本科系列教材

GONGCHENG LIUTI LIXUE SHIYAN JIAOCHENG

工程流体力学实验教程

编著　时连君　陈庆光　时慧喆　章军军
主审　李志敏

中国电力出版社
CHINA ELECTRIC POWER PRESS

内容提要

全书分为流体静力学、流体动力学和流体运动基本原理三部分，包括雷诺实验、伯努利方程实验、流动现象分析综合实验、流量计综合测定实验等 9 个实验项目。静水力学实验及流线演示仪演示实验均采用浙江大学设计生产的实验设备，其他实验项目采用流体力学综合实验台来完成。

本书可供高等院校机械设计制造及自动化、机械电子工程、能源与动力工程、过程装备与控制工程、材料成型工程、土木工程、工程力学、建筑环境与设备、安全工程、理论与应用力学、工业工程等专业的师生使用，也可以作为其他工程技术人员参考用书。

图书在版编目（CIP）数据

工程流体力学实验教程/时连君等编著. —北京：中国电力出版社，2017.9（2024.8 重印）
“十三五”普通高等教育本科规划教材
ISBN 978-7-5198-1119-8

Ⅰ. ①工… Ⅱ. ①时… Ⅲ. ①工程力学－流体力学－实验－高等学校－教材 Ⅳ. ①TB126

中国版本图书馆 CIP 数据核字（2017）第 216535 号

出版发行：中国电力出版社
地　　址：北京市东城区北京站西街 19 号（邮政编码 100005）
网　　址：http://www.cepp.sgcc.com.cn
责任编辑：周巧玲（010-63412539）
责任校对：黄　蓓　常燕昆
装帧设计：赵姗姗
责任印制：吴　迪

印　　刷：固安县铭成印刷有限公司
版　　次：2017 年 9 月第一版
印　　次：2024 年 8 月北京第七次印刷
开　　本：787 毫米×1092 毫米　16 开本
印　　张：4.5
字　　数：103 千字
定　　价：15.00 元

前　言

工程流体力学是在人类同自然界的斗争和生产实践中逐步发展起来的。工程流体力学是研究流体的平衡和力学运动规律及其应用的学科，是研究在各种力的作用下，流体（液体、气体）本身的状态，以及流体和固体壁面、流体和流体间、流体与其他运动形态之间的相互作用的力学分支，也是力学的一个重要分支。流体力学主要研究流体本身的静止状态和运动状态，以及流体和固体界壁间有相对运动时的相互作用和流动的规律。

工程流体力学的特点是从实践中来又到实践去，是理论与实践紧密结合的一门科学，在人们的生活和生产活动中经常会遇到流体，所以流体力学是与人类日常生活和生产事业密切相关的，例如医院输液的原理、饮水机的原理等。古时中国有大禹治水疏通江河的传说；秦朝李冰父子带领劳动人民修建的都江堰河道，这个是集灌溉、防洪、提供生活用水和工业用水多方面功能为一体的水利枢纽工程，它是由鱼嘴、飞沙堰、宝瓶口三大主体工程等共同组成起到分水、排沙及引水的三大功能，使岷江的水力资源得到充分的利用，至今还在发挥着作用，使川西平原成为“水旱从人”的“天府之国”。

本书主要包括流体静力学、流体动力学、流体运动基本原理，以及流体流量的测量等实验项目，内容编排从理论学习到综合运用，旨在提高学生分析问题、解决问题的能力。

本书由山东科技大学组织编写，具体分工如下：章军军编写实验 1 和实验 2；时连君编写实验 3～实验 6；陈庆光编写实验 7；时慧喆编写实验 8 和实验 9。时连君承担本书的统稿工作，时慧喆负责全书的图表处理。本书由山东科技大学李志敏副教授担任主审。

在本书的编写过程中，山东科技大学韩宝坤教授提出了很多宝贵的意见和建议，在此表示感谢。

鉴于编者水平所限，书中难免有不足之处，恳请读者批评指正。

编　者
2017.7

实 验 须 知

1. 实验注意事项

（1）实验教学是课程学习的重要环节之一，“大众创业、万众创新”，不是一朝一夕的事情，而是要求学生把每一个实验项目当成一个课题进行设计、一个大赛的题目来做。这样通过实验不但可以巩固课堂知识，理论联系实际，而且能使学生提高实验技能、动手操作能力及创新能力。

（2）实验前要复习课程有关内容，认真预习实验教程的相关内容，明确实验目的，掌握实验原理及测试方法，了解实验步骤，完成指导书中提出的各项要求，否则不允许进入实验室做实验。

（3）学生进入实验室需要签到，实验结束须经指导老师允许后才可以签名离开。对于迟到、早退、代签名字的学生，其实验成绩要酌情扣分。

（4）实验中遇到问题时，要结合课本与实验教程的相关内容进行认真思考，要多动脑、多动手，培养独立工作和分析问题与解决问题的能力。

（5）爱护实验设备，正确使用设备器具，注意人身、设备安全，设备损坏要赔偿。实验中遇有故障要及时向指导教师报告，妥善处理。

（6）注意卫生，实验室内不准吸烟，不准随地吐痰，不准乱扔纸屑；保持良好的秩序、实验完毕要清扫实验设备和现场，禁止穿拖鞋进入实验室。

2. 认真完成实验报告

（1）实验报告是对实验成果的归纳、总结，必须以严肃认真、实事求是的态度完成。

（2）对实验所需已知参数应主动查询，对测试参数和现象要如实记录。

（3）实验报告中的思考题，可由指导教师提出，也可由学生自行提出和回答。

（4）要求学生独立完成报告，不准照抄，否则不得分。

（5）实验报告要按时交给指导教师批阅、评分。

目　录

第Ⅲ部分　流体运动基本原理等实验

第Ⅰ部分　流体静力学基本实验

流体静力学是研究流体处于静止状态时受力平衡规律及其在工程实际中的应用。流体的静止状态是一个相对概念，指流体质点之间不存在相对运动，流体质点相对于参考坐标系没有相对运动，处于相对平衡的状态。本实验内容包含流体静力学基本方程、流体静压强、流体密度及一些定性的分析实验，目的在于加深学生对于流体静力学基本概念的理解，以及提高学生观察问题、分析问题及解决问题的能力。

1. 综合实验装置简图

本实验的装置如图 I-1 所示。

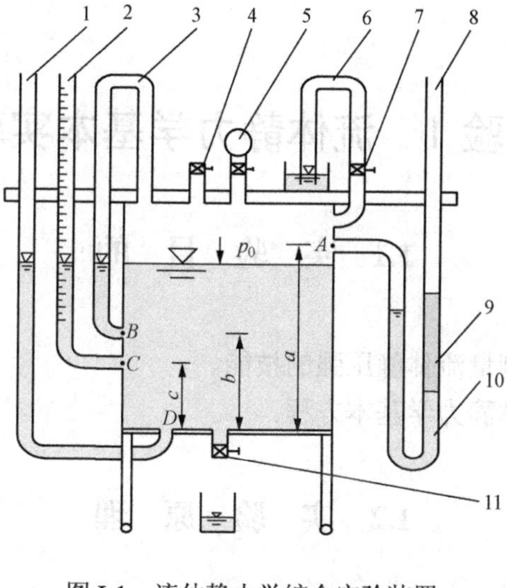

图 I-1　流体静力学综合实验装置

1、8—U 形测压管；2—带标尺的测压管；3—连通管；4—通气阀；5—加压打气球；6—真空测压管；7—截止阀；9—油柱；10—水柱；11—减压放水阀

2. 装置说明

（1）测压管：流体静压强的测量。

1）流体流动的要素有压强、水位、流速、流量等。测量的仪器也有静态与动态之分。

2）测量流体某一点压强的测压管属于机械式静态测量仪器。

3）测压管是一端连通流体的被测点，另一端开口与大气相通的透明管，适用于测量流体测点低压范围的相对压强，测量精度为 1mm。测压管分为直管和 U 形管。

4）直管型测压管如图 I-1 中的管 2 所示，其测点压强 $p = \rho gh$，其中，h 为测压管液面至测点的竖直高度。U 形管见图 I-1 中的管 1 与管 8。

5）一般 U 形管中为单一液体，本装置因测量油密度的需要，在管 8 中可以装入油和水，

测点的压强为 $p=\rho g\Delta h$，Δh 为U形管两液面的高度差。当管中接触大气的自由液面高于另一液面时，Δh 为“+”；反之，Δh 为“−”。

6）由于毛细管的影响，测压管内径应大于 8～10mm。本装置采用毛细现象弱于玻璃管的透明有机玻璃管作为测压管，内径为 8mm，毛细高度仅为 1mm 左右。

（2）连通管：恒定液位测量方法之一。

1）测量液体恒定水位的连通管属于机械式静态测量仪器。连通管是一端连接被测液体，另一端开口位于被测液体表面的空腔透明管，如图 I-1 中的 3 所示。

2）敞口容器中的测压管也是测量液位的连通管。连通管中液体的高度直接显示了容器中的液位，用毫米刻度尺即可测读水位值。本装置的连通管与测压管同为等径透明有机玻璃管。液位的测量精度为 1mm。

（3）所有测压管液面标高均以带标尺测压管 2 的零点高程为基准。

（4）测点 B、C、D 的位置高程的标尺读数值以 ∇_B、∇_C、∇_D 表示，若同时取标尺零点作为静力学基本方程的基准，则 ∇_B、∇_C、∇_D 也写作 z_B、z_C、z_D。

实验 1　流体静力学基本实验

1.1 实 验 目 的

（1）掌握使用测压管测量流体静压强的技能。

（2）验证不可压缩流体静力学基本方程。

1.2 实 验 原 理

在重力作用下不可压缩流体静力学基本方程

$$z+\frac{p}{\rho g}=\text{const}$$

或

$$p=p_0+\rho g h$$

式中 z——被测点在基准面以上的位置高度；

p——被测点的静水压强，10^{-2}m（用相对压强表示，以下同）；

p_0——水箱中自由液面压强，10^{-2}m；

ρ——液体的密度，kg/m^3；

h——被测点的液体深度，10^{-2}m。

1.3 实验内容与方法

1.3.1 实验项目分析

（1）测压管与连通管的判定。按照测压管与连通管的定义，实验装置中 1、2、6、8 都是测压管，当通气阀关闭时，管 3 无自由液面，是连通管。

（2）测压管高度、压强水头、位置水头和测压管水头的判定。测点的测压管高度即为压强水头 $\frac{p}{\rho g}$，不随基准面的选择而变化，位置水头 z 和测压管水头 $z+\frac{p}{\rho g}$ 随着基准面的选择而变化。

（3）观察测压管的水头线。测压管液面连线就是测压管的水头线。打开通气阀 4，此时 p=0，管 1、2、3 均为测压管，从这 3 个管的液面连线可以看出，对于同一静止液体，测压管水头线是一根直线。

（4）观察真空现象。打开放水阀 11，降低箱内压强，使测压管 2 的液面低于水箱液面，这时箱体内的压强 p<0，再打开截止阀 7，在大气压强的作用下，管 6 的液面就会上升一定的高度，说明箱体内出现了真空区域。

（5）观察负压下管 6 中的液位变化。关闭通气阀 4，开启截止阀 7 和放水阀 11，待空气自管 2 进入圆筒后，观察管 6 中液面的变化。

1.3.2 实验数据测量

测点静压强的测量。根据基本的操作方法，分别在 p=0、p>0、p<0 与 p_B<0 的条件下测量水箱液面的标高 ∇_0 和测压管 2 的液面标高 ∇_H，分别确定测点 A、B、C、D 的压强 p_A、p_B、p_C、p_D。

1.3.3 实验操作步骤

（1）设置 p=0 条件：打开通气阀 4，此时实验装置内 p=0，记录一组实验数据，填入表 1-1。

（2）设置 p>0 条件：关闭通气阀 4、放水阀 11、通过加压球 5 对实验装置打气，可对实验装室内加压，形成正压，记录三组实验数据，填入表 1-1。（注意：加压时不应该使测压管内的液体溢出测压管）

（3）设置 p<0 条件：关闭通气阀 4、加压打气球 5 底部阀门，开启放水阀 11，可对装置内部减压，形成真空，读出三组实验数据，填入表 1-1。（注意：从容器底部阀门放出的水要从容器的注水口重新加到容器内）

（4）水箱液位的测量：在 p=0 的条件下，读出测压管 2 的液位值，即为水箱液位值。

1.3.4 实验注意事项

掌握仪器组成及其用法，包括以下几项内容：

（1）各阀门的开关。本仪器中所有阀门旋柄均以顺着管轴线为开，垂直管轴线为关。

（2）检查仪器是否密封。加压后检查测管 1、2、8 液面高程是否恒定；若下降，表明漏气，应查明原因并加以处理。

1.4 实 验 报 告

1.4.1 实验前的预习内容（到实验室前完成）

（1）叙述实验目的，以及实验中要测试哪些参数，如何测试。

（2）根据实验项目的名称结合课本上讲的相关内容，设计一台流体静力学实验装置来达到实验目的，画出原理图，说明其实验原理。

（3）预习报告，列举出本实验工程实践及生活应用案例。

1.4.2　实验成果及要求

（1）记录有关信息及常数。

实验设备的名称：__________________　实验装置台号 No.__________

同组实验者：____________________　实验日期：_____________

各测点的高程：∇_B=_______10^{-2}m，∇_C= _______10^{-2}m，∇_D=_______10^{-2}m

（2）基准面选在____________________。

z_C=___________________10^{-2}m，z_D=___________________10^{-2}m

（3）实验数据记录及结果计算（见表 1-1）。

表 1-1　流体静压强测量记录及计算表　10^{-2}m

实验条件	项目 / 序号	压强水头						测压管水头	
		水箱液面 ∇_0	测压管液面 ∇_H	$\frac{p_A}{\rho g}=\nabla_H-\nabla_0$	$\frac{p_B}{\rho g}=\nabla_H-\nabla_B$	$\frac{p_C}{\rho g}=\nabla_H-\nabla_C$	$\frac{p_D}{\rho g}=\nabla_H-\nabla_D$	$z_C+\frac{p_C}{\rho g}$	$z_D+\frac{p_D}{\rho g}$
$p_0=0$	1								
$p_0>0$	1								
	2								
	3								
$p_0<0$	1								
	2								
	3								

注　表中基准面选在____________________，z_C=__________________10^{-2}m，z_D=______________10^{-2}m

1.4.3　实验分析与讨论

（1）同一静止液体内的测压管水头线是什么线？

（2）相对压强与绝对压强、相对压强与真空度之间有什么关系？测压管能测量何种压强？

（3）当 $p_B<0$ 时，试根据记录数据确定水箱内的真空区域。

（4）如果测压管太细，对测压管液面的读数将有何影响？

（5）过图 1-1 所示装置 C 点作一水平面，相对管 1、2、8 及水箱中液体而言，这个水平面是不是等压面？哪一部分液体是同一等压面？

（6）用图 1-1 所示的装置能否演示变液位下的恒定流实验？

（7）该仪器在加气增压后，水箱液面将下降δ而测压管液面将升高 H，实验时，若以 $p_0=0$ 时的水箱液面作为测量基准，试分析加气增压后，实际压强（$H+\delta$）与视在压强 H 的相对误差值。本仪器测压管内径为 0.8cm，箱体内径为 20cm。

实验 2　流体静力学的综合应用实验

流体力学既是基础性学科也是应用性学科，广泛应用于日常生活与工程实践中，这部分内容主要是流体力学原理在生活与工程等方面的应用。

2.1 实 验 目 的

（1）利用静水力学基本知识，观察与分析流体静力学基本现象。
（2）设计并画出实验方案图。
（3）测定油的密度。
（4）通过对流体静力学现象的实验分析，进一步提高解决静力学实际问题的能力。
（5）通过设计进一步提高学生的创新能力，提高实验教学质量。

2.2 实 验 原 理

2.2.1 油密度 ρ_o 测量原理（公式要会推导）

对装有水和油（见图 2-1）的 U 形测压管，应用等压面可得油的密度ρ_o有下列关系：

$$\frac{\rho_o}{\rho_w}=\frac{h_1}{h_1+h_2} \tag{2-1}$$

即油的密度为

$$\rho_o=\frac{h_1}{h_1+h_2}\rho_w$$

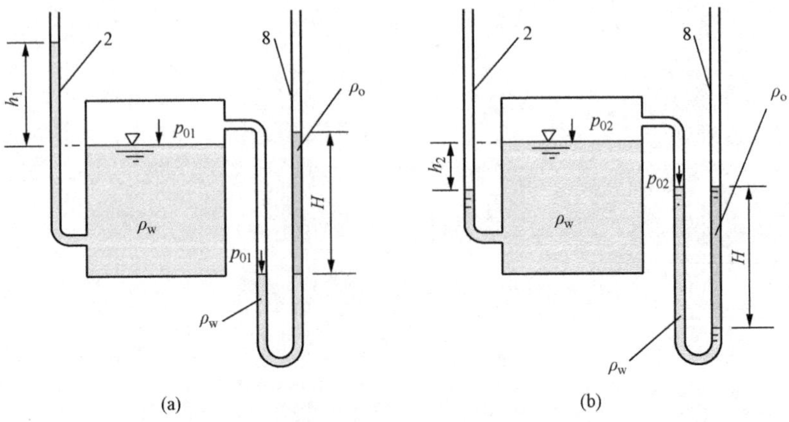

图 2-1　油密度测量方法

可用仪器（不用另外直尺）自带的测压管 2 测量相关数据通过计算得 ρ_o。

利用图 2-1 中测压管 2 的自带标尺测量。先用加压打气球 5 加压使 U 形测压管 8 中的水面与水、油交界面齐平，如图 2-1（a）所示，可得

$$p_{01}=\rho_w g h_1=\rho_o gH \tag{2-2}$$

再打开减压放水阀 11 降压，使 U 形测压管 8 中的水面与油面齐平，如图 2-1（b）所示，则有

$$p_{02}=-\rho_w g h_2=\rho_o gH-\rho_w gH \tag{2-3}$$

由式（2-2）与式（2-3），得

$$\frac{\rho_o}{\rho_w}=\frac{h_1}{h_1+h_2} \tag{2-4}$$

2.2.2　测量测压管 6 插入小水箱中液面以下的深度

这个项目要求根据流体静水力学相关知识，由实验装置上的测压管来完成实验，不能用外部的尺子来进行测量，分析说明实验测量原理。

2.3　实　验　报　告

2.3.1　实验前的预习内容（到实验室前完成）

（1）叙述实验目的，以及实验中要测试哪些参数，如何测试。

（2）拟订油密度可行的实验测试方案。

（3）分析 U 形管一端插入小水箱液面以下深度的测试原理。

2.3.2　实验成果及要求

表 2-1　　**油密度测量记录及计算表**　　10^{-2}m

实验条件	项目 / 序号	水箱液面标尺读数 ∇_0	测压管2液面标尺读数 ∇_H	$h_1=\nabla_H-\nabla_0$	$\bar{h}_1$	$h_2=\nabla_0-\nabla_H$	$\bar{h}_2$	油密度计算
$p_0>0$ 且U形管水面与油水交界面齐平	1							$\frac{\rho_o}{\rho_w}=\frac{\bar{h}_1}{\bar{h}_1+\bar{h}_2}$
	2							
	3							
$p_0<0$ 且U形管中水面与油面齐平	1							
	2							
	3							

（1）求出油的密度，ρ_0=____________kg/m^3。说明用直尺法测量油密度的方法，画图表示，并得出其计算式。

（2）测出真空测压管 6 插入小水箱液面以下的深度（画图分析说明）。

∇h_6=_________10^{-2}m

分析：

2.3.3　应用分析思考题

（1）根据流体静力学实验 1 的有关内容，设计一个油库液位高度检测的方案。（要求：基于流体静力学的原理，设计方案可行、适用）

（2）根据实验1中相关实验原理设计说明医院打点滴的吊瓶工作原理。（说明：马里奥特容器是一种变液位下的流速、流量都不随时间变化的供液装置）

（3）查找资料说明饮水机的工作原理（见图2-2）。

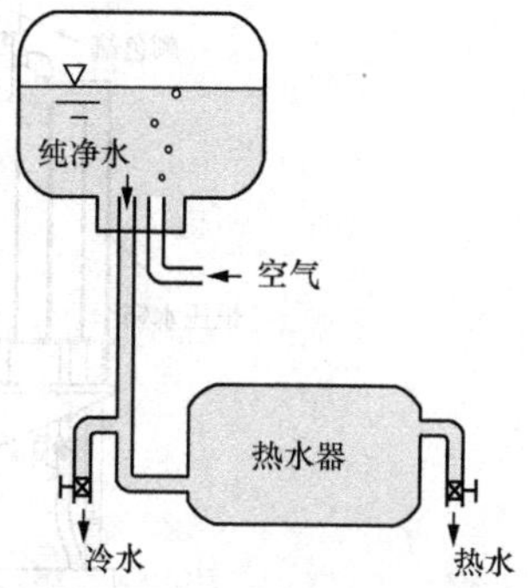

图2-2　家用饮水机的工作原理

（4）请分析喂食式鱼缸力学原理。如图2-3所示，鱼缸上都是密封的，鱼缸内装了许多水，鱼儿在水中自由游动，在鱼缸下部开有一个喂食槽，槽口处远低于鱼缸内的水面。将鱼食放在手心中，从槽口处探入鱼缸内部，鱼儿立即游到掌心，来吃鱼食，可是鱼缸内的水却未曾从喂食口溢出。看到这里人们不禁要问：水怎么不会从槽口溢出呢，难道重力作用在这个鱼缸内失效了？

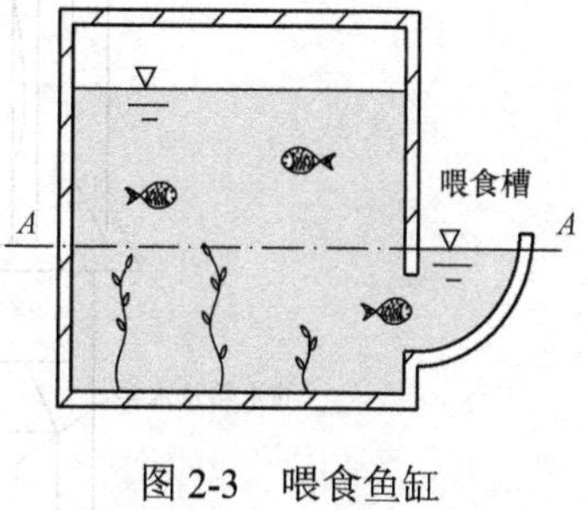

图2-3　喂食鱼缸

第Ⅱ部分 流体动力学实验

1. **实验装置简图**

目前国内高校实验室采用流体力学综合实验装置基本上有两种结构形式，如图 II-1 和图 II-2 所示。

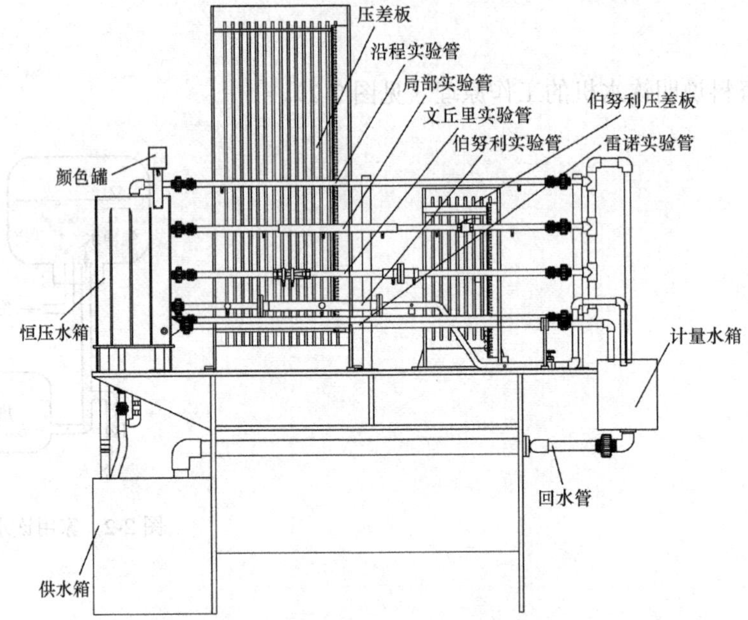

图 II-1 流体力学综合实验装置 I

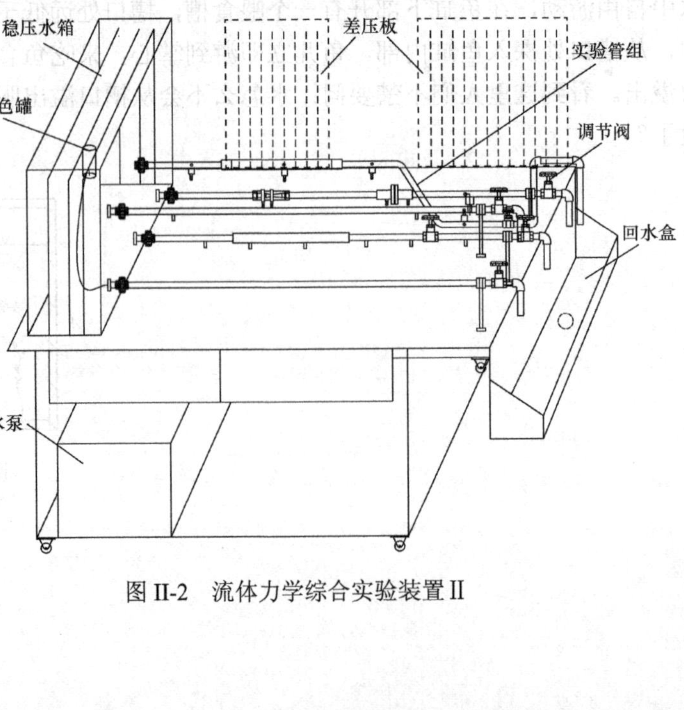

图 II-2 流体力学综合实验装置 II

2. **实验装置说明**

（1）结构说明。实验装置主要由下位蓄水水箱（含潜水泵）、上位稳压水箱、五根实验管路、差压板及计量水箱（2000mL 量杯）构成。

（2）实验项目。完成的实验项目包括雷诺实验、沿程阻力系数测定实验、局部阻力系数测定实验、伯努利方程实验、孔板流量计与文丘里流量计系数测定实验等。

实验3 雷 诺 实 验

由于实际流体黏性的存在，一方面使流层间产生摩擦阻力，另一方面使流体的运动具有两种截然不同的运动形态，即层流流态与湍流流态。当流速较小时，流动的质点处于层流流态，流动质点呈现有条不紊的层状运动形式，这种流态称为层流；当流速增大时，流动的质点处于湍流流态，质点的运动形式以杂乱无章、相互混掺及涡体旋转为特征，这种流态称为湍流。

3.1 实 验 目 的

（1）观察层流、湍流的流态及其转换特征。

（2）测定临界雷诺数 *Re*，掌握圆管流态判别准则。

（3）学习古典流体力学中应用无量纲参数进行实验研究的方法，并了解其实用意义。

3.2 实 验 原 理

1883 年，雷诺采用实验装置，观察到液流中存在层流与湍流两种不同的流态：当流速较小时，水有条不紊地呈层状有序的直线运动，流层间没有质点掺混，这种流态称为层流；当流速增大时，流体的质点做杂乱无章的无序运动，流层间的质点掺混，这种流态称为湍流，如图 3-1 所示。它们的区别在于：流动过程中流层之间是否发生掺混现象，在湍流流动中存在随机变化的脉动量，而在层流流动中则没有。

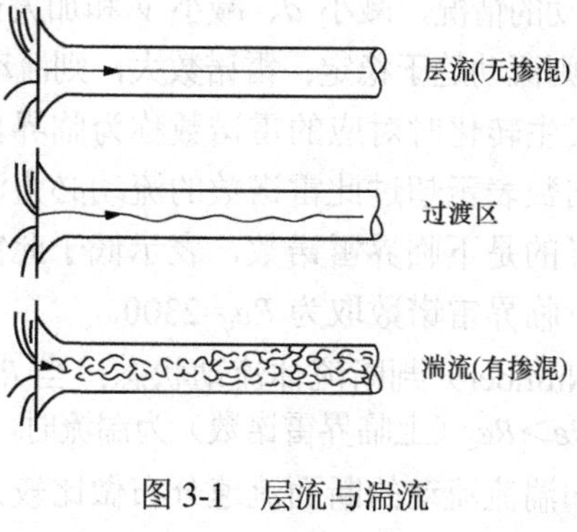

图 3-1 层流与湍流

雷诺对实验的贡献不仅在于发现了两种流态，还在于运用量纲分析的原理，得出了流态唯一的判据——雷诺数 Re，使问题得以简化。量纲分析如下：

因 $$v_c = f(\nu, d)$$

根据量纲分析法有 $$v_c = k_c \nu^{\alpha 1} d^{\alpha 2}$$

其中，k_c 为无量纲的数。写成量纲的关系为

$$[LT^{-1}] = [L^2T^{-1}]^{\alpha 1}[L]^{\alpha 2}$$

由量纲和谐原理，得 $\alpha_1 = 1$，$\alpha_2 = -1$

即

$$v_c = k_c \frac{\nu}{d} \text{或者} k_c = \frac{v_c d}{\nu}$$

式中 v_c——临界流速；

k_c——临界值。

雷诺实验完成了管流的流态从湍流过渡到层流的临界值 k_c 值的测定，以及是否为常数的验证，结果表明其值 k_c 为常数。于是无量纲的数 $\frac{vd}{\nu}$ 便成了适合任何管径、任何流体的流态由湍流变成层流的判据。由于雷诺的贡献，$\frac{vd}{\nu}$ 定名为雷诺数，用 Re 表示。于是圆管中恒定流动的流态转化取决于雷诺数，有

$$Re = \frac{vd}{\nu} = \frac{4q}{\pi \nu d}$$

其中，流速的计算根据体积法测得流量值除以实验管路的面积可以得出

$$v = \frac{q_V}{A}$$

式中 d——圆管直径；

v——断面平均流速；

ν——流体的运动黏度；

q_V——圆管内的过流流量（流量测量-计量体积法）。

实际流体的流动之所以会呈现出两种不同的形态是扰动因素与黏性稳定作用之间对比和抗衡的结果。针对圆管中定常流动的情况，减小 d、减小 v 和加大 ν，三种途径都是有利于流动稳定的。综合而言，雷诺数小，则流动趋于稳定；雷诺数大，则流动稳定差，容易发生湍流现象。

圆管中定常流动的流态发生转化时对应的雷诺数称为临界雷诺数，又分为上临界雷诺数和下临界雷诺数。上临界雷诺数表示超过此雷诺数的流动必为湍流，它很不稳定，跨越一个较大的取值范围。有实际意义的是下临界雷诺数，表示低于此雷诺数的流动必为层流，有确定的数值，圆管定常流动的下临界雷诺数取为 Re_c=2300。

根据雷诺数（Reynolds Number）判断流体流动状态：当 $Re < Re_c$（下临界雷诺数）为层流时，Re_c=2000～2320；当 $Re > Re_c$（上临界雷诺数）为湍流时，Re_c=4000～12000。

对相同流量下圆管层流和湍流流动的断面流速分布做比较，如图 3-2 所示，可以看出层

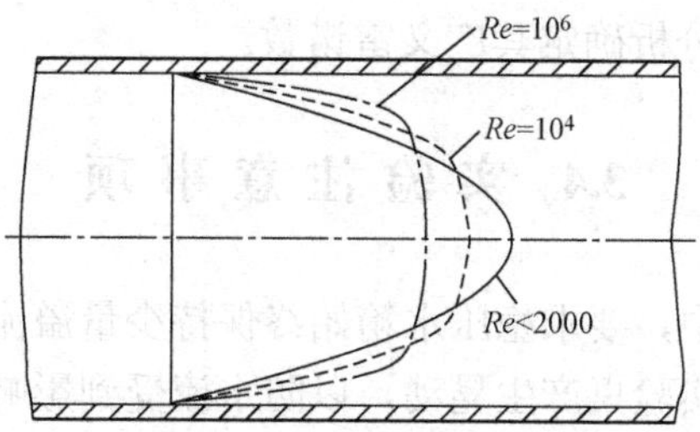

图 3-2 层流与湍流速度对比

流流速分布呈旋转抛物面，而湍流速度分布则比较均匀地呈现对数或指数分布，靠近壁面速度梯度比层流时大。

3.3 实 验 步 骤

从实验台中找到与实验相关的实验管路，测量与记录与本实验的有关常数。

3.3.1 观察两种流态

水箱充水至溢流水位，经稳定后，微微开启出水侧调节阀，打开颜色水箱阀门，注入颜色水于实验管内，使颜色水流呈一直线。通过颜色水质点的运动观察管内水流的层流流态，然后逐步开大出水侧调节阀，颜色水线发生混乱，直至颜色消失，观察层流转变到湍流的水力现象。

待管中出现完全湍流后，再逐步关小调节阀，观察由湍流转变为层流水力现象。

3.3.2 测定下临界雷诺数

（1）将出水侧调节阀打开，使管中流态呈完全湍流，再逐步关小调节阀使流量减小。每调节一次阀门，稳定一段时间后观察其形态。当流量调节到使颜色水在全管刚好呈现出一条稳定直线时，表明水的流态由湍流变为层流，即为下临界雷诺数。

（2）待管中出现临界状态时，用体积法测定流量。

（3）根据所测流量计算下临界雷诺数，并与公认值（Re=2320）比较，偏离过大，需重测。

（4）重新打开调节阀，使其形成完全湍流。按上述步骤重复测量三次以上。

注意：每调节阀门一次，均需等待稳定几分钟；关小阀门过程中，只可关小。

3.3.3 测定上临界雷诺数

先调整调节阀，使管中水流层流状态，再逐步开大调节阀，每调整一次流量，稳定一段时间后观察其形态，当颜色水线刚开始散开时混杂时，说明流态由层流过渡到湍流，即为上临界状态，测定计算上临界雷诺数 1 至 2 次。

注意：流量应该微调，调节过程中阀门只可开大，不可关小。

3.3.4 分析设计实验

任何截面形状管流，任何牛顿流体流动的流态，转变为临界流速 v_c 与运动黏度ν、水力

半径 R 有关，要求通过量纲分析确定其广义雷诺数。

3.4 实验注意事项

（1）在实验的整个过程中，要求稳压水箱始终保持少量溢流。

（2）实验过程中不要使实验桌产生晃动，以防水流受到影响。

（3）当实验进行到过渡区和层流时，要特别注意阀门的调节幅度一定要小，以减小流量及压差的变化间隔。

（4）实验测点分配要求尽量合理，在记录压差和流量时，数据要一一对应。

（5）使用量筒、温度计等仪器设备时，一定要注意安全。

（6）做完实验后，将量筒、温度计放回原处。

3.5 实验报告内容

3.5.1 实验前的预习内容（到实验室前完成）

（1）叙述实验目的，以及实验中要测试哪些参数，如何测试。

（2）根据实验项目的名称，结合课本上讲的相关内容，设计一台实验装置来达到实验目的，并画出原理图，说明其实验原理。

3.5.2　实验数据及整理

（1）记录、计算有关常数。

实验管径　d=________10^{-2}m，水温 T=________℃

运动黏度　$$\nu=\frac{0.01775\times10^{-4}}{1+0.0337T+0.000221T^2}=\_\_\_\_\_\_\_\_\text{m}^2/\text{s}$$

（2）数据整理、记录计算。

表 3-1　**实验 3 数据整理**　实验台编号：________

项目 序号	颜色水线形态	水体积ΔV（10^{-6}m^3）	时间 t（s）	流量 q_V（10^{-6}m^3/s）	流速 v（10^{-2}m/s）	雷诺数 Re	阀门开度增或减
1							
2							
3							
4							
5							
6							
7							

实测下临界雷诺数（平均值）Re_c=________

注　颜色水线形态包括稳定直线、稳定略弯曲、直线摆动、直线抖动、断续、完全散开等。

3.5.3　实验分析与思考

（1）流态判据为何采用无量纲参数，而不采用临界流速？

（2）为什么认为上临界雷诺数无实际意义，而采用下临界雷诺数作为层流与湍流的判据？实测下临界雷诺数为多少？

（3）分析实验误差的原因，对现在的实验装置提出改进意见。

（4）为什么要研究流体流动的类型？

实验 4 沿程阻力系数测定实验

不可压缩流体在流动过程中，因相对运动切应力的做功及流体与固壁之间摩擦力的做功，都是靠损失流体自身所具有的机械能来补偿的，这部分能量不可逆转地转化成热能。这种引起流动能量损失的阻力与流体的黏滞性和惯性以及与固壁对流体的阻滞作用和扰动作用有关。因此，为了得到能量损失的规律，必须同时分析各种阻力的特性。

4.1 实验目的

（1）学会测定管道沿程水头损失系数λ的方法。

（2）掌握圆管层流和湍流的沿程损失随平均流速变化的规律。

（3）绘制 $\lg v$-$\lg h_f$ 关系曲线，确定 $h_f=Kv^n$ 中的 n 值。

4.2 实验原理

4.2.1 实验分析

沿程阻力实验管路总长 140×10^{-2}m，内直径 1.4×10^{-2}m，有机玻璃制作，实验管上安装有两处测压点，间距（80～90）$\times10^{-2}$m，在靠近流量调节阀处安装有总静压测点用以测量管内的流量。

（1）对于通过直径不变的圆管的恒定水流，沿程水头损失由达西公式表达为

$$h_f=\left(z_1+\frac{p_1}{\rho g}\right)-\left(z_2+\frac{p_2}{\rho g}\right)=\Delta h \tag{4-1}$$

其值为上、下游量测断面的压差计读数。沿程水头损失也常表达为

$$h_f=\lambda\frac{L}{d}\frac{v^2}{2g} \tag{4-2}$$

由式（4-1）和式（4-2）可得

$$\lambda=\frac{\Delta h}{\frac{L}{d}\frac{v^2}{2g}} \tag{4-3}$$

式中 λ——沿程水头损失系数；

L——实验管路两个测点之间的管段长度；

d——管道直径；

v——断面平均流速。

若在实验中测得相邻水柱高度的差值Δh和断面平均流速v，则可直接得到沿程水头损失系数。达西公式适用于层流与湍流两种流态，式（4-3）既适用于圆管均匀流动，又适用于其他过流断面均匀流，因此达西公式是均匀流沿程损失的通用式。

（2）流动形态的沿程水头损失与断面平均流速的关系是不同的。层流流动中的沿程水头损失与断面平均流速的1次方成正比。湍流流动中的沿程水头损失与断面平均流速的1.75～2.0次方成正比。

（3）沿程水头损失系数λ是相对粗糙度$\varDelta/d$与雷诺数Re的函数，可以表示为

$$\lambda = f\left(Re, \frac{\varDelta}{d}\right)$$

$$Re = \frac{vd}{\nu}$$

式中　ν——水的运动黏度；

　　$\varDelta$——管壁的粗糙度。

对于圆管层流流动，有

$$\lambda = \frac{64}{Re}$$

对于水力光滑管湍流流动，有

$$\lambda = \frac{0.3164}{Re^{1/4}} \quad (Re < 10^5)$$

可见在层流和湍流光滑管区，沿程水头损失系数λ只取决于雷诺数。

对于水力粗糙管湍流流动，有

$$\lambda = \frac{1}{\left[2\lg\left(\frac{d}{2\varDelta}\right) + 1.74\right]^2} \tag{4-4}$$

沿程水头损失系数λ完全由粗糙度决定，与雷诺数无关，此时沿程水头损失与断面平均流速的平方成正比，所以湍流粗糙管区通常也称为阻力平方区。

对于在湍流光滑区和湍流粗糙管区之间存在过渡区，沿程水头损失系数λ与雷诺数和粗糙度都有关。

4.2.2 实验参数说明

（1）流量测量-计量体积法。计量体积法是在一段固定的时间内，计量流过不少于500mL水的体积，从而得出单位时间内流过水的流量，这是依据流量定义的测量方法，此方法简单、准确，不受被测液体温度、黏度的影响。本实验及以后的实验项目水的流量测量方法，皆用量杯测量体积、用秒表计时来完成。

（2）流速的计算。根据体积法测得流量值除以实验管路的面积可以得出，即

$$v = \frac{q_V}{A} \tag{4-5}$$

（3）测压点。本实验实验管路上有两个测压点，这两个测压点通过橡胶管路与直立的差压板上的测压管相连接，实验中可以通过移动差压板上的直尺来测量每个测点水头（压力）的大小。

4.3 实验步骤

从实验台中找到与实验相关的实验管路（两端带测点的等直管径）。

（1）开机前的工作。

1）对照装置图和实验资料，搞清各组成部件的名称、作用及其工作原理。

2）检查蓄水箱水位是否够高，否则予以补水并关闭阀门。

3）找出沿程阻力系数要用到的实验管路，记录有关实验常数及实验管路内径 d 和实验管长 L。

（2）接通电源，启动水泵。

（3）观察实验管路的出水情况，使用到的实验管路上开关的打开，不用的关闭。手轮逆时针拧阀门关闭、顺时针阀门开启，注意阀门拧到位即可，禁止用力拧，以免对阀门或者有机玻璃管路造成损坏。

（4）调整测量系统。

1）启动水泵排除管道中的气体（如果有空气）。

2）关闭出水阀，排除实验管中的气体，使水箱充满水，直到开始溢流为止，再次开启出水阀。

3）实验装置通水排气后，即可进行实验测量。在进水阀全开的前提下，逐次关闭出水阀，每次调节流量时，均需稳定 2～3min，流量越小，稳定时间越长。

4）测流量的时间不少于 8～10s，或者测量的流量不低于 500mL，测流量的同时，需测记被试管路上对应压差计的读数。

5）注意观测水箱上数字温度计的温度，实验台没有温度计的可以参照相邻实验台上的。

6）逐渐关闭出水阀门的开度得到所需要的实验次数，12 次。

7）关闭电源，停止水泵。

8）打开一条实验管路上的出水阀门使水箱中的水放掉。

4.4 实验注意事项

（1）实验过程中水泵一直开启向恒压水箱供水，要求恒压水箱内的水位始终保持在溢流状态，确保恒压水箱水压恒定。

（2）测记各测压管水柱高度时，要求视线与测压管液面保持水平。

（3）本实验出水端阀门要求从大流量（注意一定要把阀完全打开）开始做，逐渐调小流量，且在实验的过程中阀门手柄不能逆向旋转；也可以从阀门开度最小开始做，逐渐调大阀门的开度。

（4）实验测点分配要求尽量合理，在记录压差和流量时，数据要一一对应。

（5）使用量筒、温度计等仪器设备时，一定要注意安全。

（6）做完实验后，将量筒、温度计放回原处。

4.5 实验报告内容

4.5.1 实验前的预习内容（到实验室前完成）

（1）叙述实验目的，以及实验中要测试哪些参数，如何测试。

（2）根据实验项目的名称结合课本上讲的相关内容，设计一台实验装置来达到实验目的，并画出其原理图，说明其实验原理。

4.5.2 实验数据及整理

（1）记录及计算。实验中测得数据记录在表 4-1 中。

（2）曲线分析。绘制 $\lg v$-$\lg h_f$ 曲线，并确定指数关系值 n 的大小。在坐标纸上以 $\lg v$ 为横坐标，以 $\lg h_f$ 为纵坐标，点绘所测的 $\lg v$-$\lg h_f$ 关系曲线，根据具体情况连成一段或几段直线。求坐标上直线的斜率，有

$$n=\frac{\lg h_{f2}-\lg h_{f1}}{\lg v_2-\lg v_1}$$

将从图纸上求得 n 值与已知各流区的 n 值（即层流 n=1，光滑管流区 n=1.75，粗糙管湍流区 n=2.0，湍流过渡区 1.75＜n＜2.0）进行比较，确定流态区。

4.5.3 实验数据记录

记录实验装置上的常数：管径 d=_____×10^{-2}m 段，长度 L=_____×10^{-2}m，水温 T=_____℃

表 4-1 **实验数据记录及计算表（常数：$K=\pi^2 gd^5/8L$）** 实验台编号：________

序号＼项目	体积（$10^{-6}m^3$）	时间（s）	流量 q（$10^{-6}m^3/s$）	流速 v（$10^{-2}m/s$）	水温 T（℃）	黏度 ν（$10^{-4}m^2/s$）	雷诺数 Re	水柱高度（10^{-2}m）		沿程损失 h_f（10^{-2}m）	沿程损失系数 λ	$\lambda=\frac{64}{Re}$ $Re<2320$
								h_1	h_2			
1												
2												
3												
4												
5												
6												
7												
8												
9												
10												
11												
12												

注 实验表中的次数要求从大到小改变实验管路出水侧阀门的开度得到 12 组实验数据。

表 4-2 **绘制 lg$v$-lgh_f 和 lgRe-lgλ 关系曲线数据计算表**

项目＼测次	1	2	3	4	5	6	7	8	9	10	11	12
lgh_f												
lg$v$												
lgRe												
lgλ												

绘制 lg$v$-lgh_f 和 lgRe-lgλ 关系曲线，确定 $h_f=Kv^n$ 中的 n 值，并进行曲线分析。

4.5.4 分析与思考

（1）为什么压差计的水柱差就是沿程水头损失？如果实验管道安装得不水平，是否影响实验结果？

（2）实验中的误差主要由哪些环节产生？

实验 5 局部阻力系数的测定实验

流体的局部损失取决于流道局部扰动引起的流场结构特征，例如，流动管道的突然扩大或者突然缩小，三通连接处的汇流与分流，弯头处流动急剧转向，阀门处的突扩与突缩等，流动边界的这些急剧变化均会引起流动的分离，使流场内部形成速度梯度较大的剪切层，在强剪切层内流动很不稳定，会不断产生旋涡，将流动的能量转化成脉动的能量。因此流动的局部阻力根源是流道的局部突变，所以能够将能量损失视作在发生局部流道变化的极小的范围内完成。

5.1 实 验 目 的

（1）用三点法、四点法测定两种局部管件（突扩、突缩）在流体流经管路时的局部阻力系数，并将测得值与理论值做比较。

（2）通过阀门局部阻力系数的测定实验，学会二点法测局部水头损失的方法。

（3）测定阀门不同开启度时（全开、约 30°、约 45°、约 60°和开启 75°五种工况）的阻力系数。

5.2 实验原理及实验装置

局部阻力系数测定的主要部件为局部阻力实验管路，总长 1320mm，内直径 14mm，有机玻璃制作，在内直径扩大段和缩小段共安装有 6 个测压点，采用三点法测量突扩段局部阻力系数，采用四点法测量突缩段局部阻力系数，在靠近流量调节阀处安装有阀门，前后静压点分别距阀门 100mm，用以验证阀门的局部阻力系数。它由细管和粗管组成一个突扩和一个突缩组件，并在等直细管的中间段接入一个阀门组件。每个阻力组件两侧一定间距的断面上都设有测压孔，并用测压管与测压板上相应的测压管相连接。当流体流经实验管路时，可以测出各测压孔截面上测压管的水柱高度及前、后截面的水柱高度差Δh。实验时还需要测定实验管路中的流体流量。由此可以测算出水流流经各局部阻力组件的水头损失h_ζ，从而最后得出各局部组件的局部阻力系数ζ。

5.2.1 突然扩大

（1）理论分析。

在实际管流中，由于管径的变化或结构局部的突变，使流体的流动结构重新调整，并产生旋涡，使能量产生损失。如管道直径的突然扩大或缩小、急弯、岔口等情况，在断面处管道直径由d_1突然扩大到d_2，假定管内液体的流速为较大的湍流，实验发现流线将在边界突变处脱离边界，如果在下游断面处主流已恢复充满整个管道截面，则在突扩与断面区范围内，主流与边界之间形成环状回流区，如图 5-1 所示（具体现象可见流动演示仪）。回流区与主流的分界面是一个强剪切层，该层内旋涡的产生与发展，使分界面上发生质量、动量与能量的交换，平均流动的能量通过该分界面传递到回流区后在当地被消耗，剪切层内形成的部分旋涡会进入主流并运动至下游逐渐衰灭。由能量方程可知，管流突然扩大的局部水头损失，取管径细的断面为 1—1，管径粗的断面 2—2，则其水头损失为

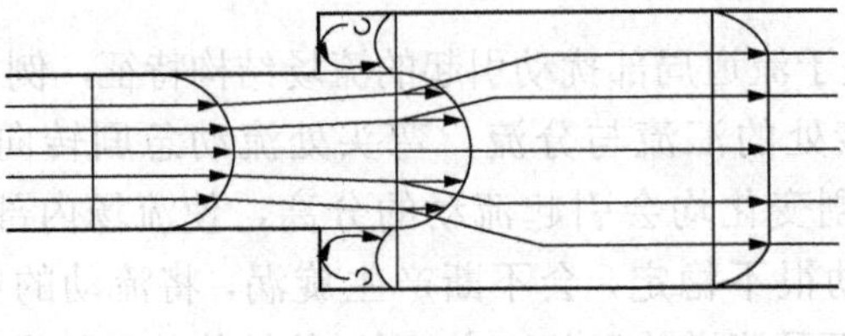

图 5-1 突扩管流动示意

$$h_{js}=\left(z_1+\frac{p_1}{\rho g}+\frac{\alpha_1 v_1^2}{2g}\right)-\left(z_2+\frac{p_2}{\rho g}+\frac{\alpha_2 v_2^2}{2g}\right)$$

其中，α_1、α_2 取 1，测压管水头 $\left(z_1+\frac{p_1}{\rho g}\right)$、$\left(z_2+\frac{p_2}{\rho g}\right)$ 直接在测压管中读取数据，流速水头 $\frac{\alpha_1 v_1^2}{2g}$、$\frac{\alpha_2 v_2^2}{2g}$ 则根据体积法所测流量 q_V 和管径 d_1、d_2 计算出流速 v_1、v_2 后，从而得到。

（2）实验管路分析。

这里采用三点法计算。三点法是在突然扩大管段上布设三个测点，如图 5-2 所示的测点 3～5 所示。其中，流段 3—4 为突扩短剧部损失发生段，流段 4—5 为均匀流速段。

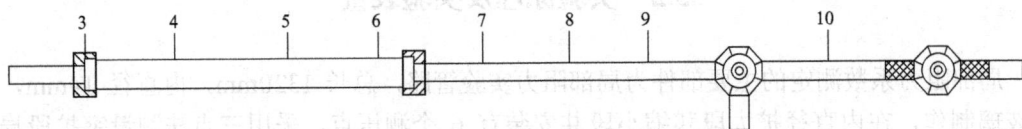

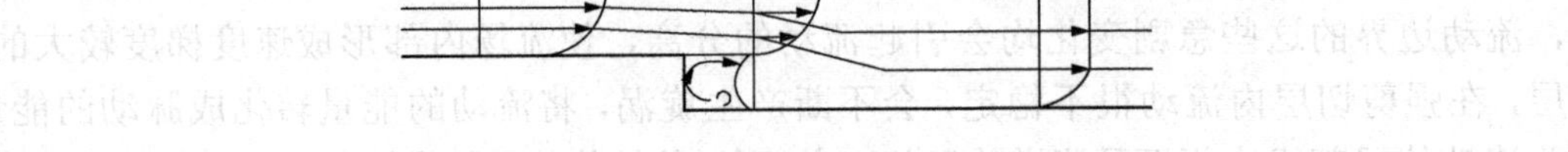

图 5-2 实验管路测点分布

实验管路上测点 3—4 间距为测点 4—5 间距的一半，按照流程长度比例换算得出

$$h_{f3-4}=h_{f4-5}/2=\Delta h_{f4-5}/2=(h_4-h_5)/2$$

$$h_j=\left(h_3+\frac{\alpha v_3^2}{2g}\right)-\left(h_4+\frac{\alpha v_4^2}{2g}+\frac{h_4-h_5}{2}\right) \tag{5-1}$$

如果圆管突然扩大段的局部阻力因数 ζ 用上游流速 v_3 表示，则

$$\zeta=h_j\bigg/\frac{\alpha v_3^2}{2g} \tag{5-2}$$

对应上游流速 v_3 圆管突然扩大段理论公式为

$$\zeta=\left(1-\frac{A_3}{A_4}\right)^2 \tag{5-3}$$

因此，只需试验测得三个测压点的测压管水头值及流量等即可算得突然扩大局部水头损失。

5.2.2 突然缩小

（1）理论分析。

由能量方程可知，管道突然缩小的局部水头损失即为图 5-3 中 1—1 断面到 2—2 断面的能量损失。

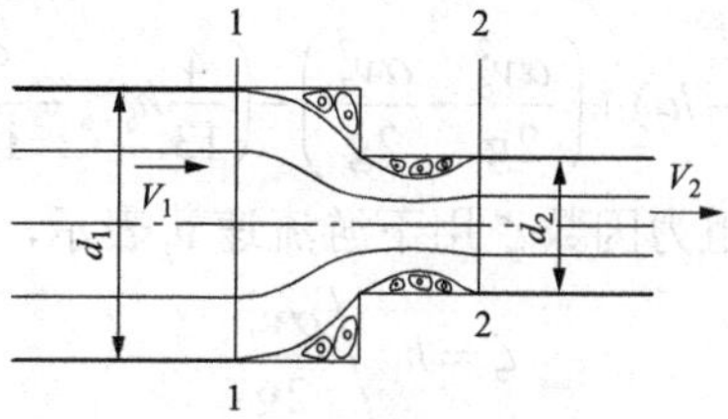

图 5-3 突缩管流动示意

实测阻力损失 $$h_{js}=\left(z_1+\frac{p_1}{\rho g}+\frac{\alpha_1 v_1^2}{2g}\right)-\left(z_2+\frac{p_2}{\rho g}+\frac{\alpha_2 v_2^2}{2g}\right)$$

其中，α_1、α_2 取 1，测压管水头 $\left(z_1+\frac{p_1}{\rho g}\right)$、$\left(z_2+\frac{p_2}{\rho g}\right)$ 直接在测压管中读取数据，流速水头 $\frac{\alpha_1 v_1^2}{2g}$、$\frac{\alpha_2 v_2^2}{2g}$ 则根据体积法所测流量 q_V 和管径 d_1、d_2 计算出流速 v_1、v_2 后，从而得到。

经验公式 $$h_j=\zeta\frac{v_2^2}{2g},\ \zeta=0.5\times\left(1-\frac{A_2}{A_1}\right)$$

式中 ζ——局部水头损失系数。

流体流经管件或者阀门所造成的能量损失一般是以阻力系数来计算，即

$$\Delta h_f=\zeta\frac{v^2}{2g} \tag{5-4}$$

可推出 $$\zeta=\Delta h_f\Big/\frac{v^2}{2g}$$

ζ 值一般有测定，它与雷诺准数 Re、管件尺寸、结构有关。

（2）实验管路分析。

实验管路上采用四点法测量圆管突然缩小段的局部阻力水头损失。

四点法是在突然缩小管段上布设四个测点，如图 5-2 中的 5～8 所示。图中 B 点为突缩断面处。流段 6—7 为突然缩小局部水头损失发生段，流段 5—6、7—8 都为均匀流流段。流段 6—B 间的沿程水头损失按流程长度比例由测点 5—6 测得，流段 B—7 的沿程水头损失按流程长度比例由测点 7、8 测得。

根据实验管长度数值，可以得出如下关系：

$$L_{4-5}=2L_{3-4}=2L_{5-6}=\frac{13}{10}L_{7-8},\quad L_{6-B}=\frac{4}{9}L_{B-7}=\frac{4}{13}L_{5-6},\quad L_{B-7}=\frac{9}{10}L_{7-8}$$

由此可以得出管路突缩的阻力损失为

$$h_{f6-B}=\frac{4}{13}f_{5-6}\text{，}\quad h_{fB-7}=\frac{9}{10}f_{7-8}$$

$$h_{f6-7}=h_{f6-B}+h_{fB-7}=\frac{4}{13}h_{f5-6}+\frac{9}{10}h_{f7-8}=\frac{4}{13}\Delta h_{5-6}+\frac{9}{10}\Delta h_{7-8}$$

$$h_j=\left(h_6+\frac{\alpha v_6^2}{2g}-h_{f6-B}\right)-\left(h_7+\frac{\alpha v_7^2}{2g}+h_{fB-7}\right)=(h_6-h_7)+\left(\frac{\alpha v_6^2}{2g}-\frac{\alpha v_7^2}{2g}\right)-(h_{f6-B}-h_{fB-7})$$

因此可以得出

$$h_j=(h_6-h_7)+\left(\frac{\alpha v_6^2}{2g}-\frac{\alpha v_7^2}{2g}\right)-\left(\frac{4}{13}h_{5-6}-\frac{9}{10}h_{7-8}\right)\tag{5-5}$$

若圆管突然缩小段的局部阻力因数ζ用下游流速v_7表示，为

$$\zeta=h_j\bigg/\frac{\alpha v_7^2}{2g}$$

对应于下游流速的圆管突然缩小段经验公式为

$$\zeta=0.5\left(1-\frac{A_7}{A_6}\right)\tag{5-6}$$

因此，只要测得四个测压点的测压管水头值h_5、h_6、h_7和h_8及流量等即可得到突然缩小段局部阻力水头损失。

5.2.3 测量局部阻力系数的二点法

在局部阻碍处（突扩或者突缩）的前、后顺直流段上分别设置一个测点，在一定流量下测得两点间的水头损失，然后将等长度的直管段替换局部阻碍段（突扩或者突缩），再将同一流量下测得两点间水头损失，由两水头损失之差即可得局部阻碍段（突扩或者突缩）局部水头损失。

实验说明：对于一般流动情况，能够将局部损失表示成通用公式的形式，即

$$h_j=\zeta\frac{v^2}{2g}\tag{5-7}$$

式中 v——某一特征断面的平均流速；

ζ——局部损失系数（需要根据实验来测定）。

由于局部损失的大小与流态有关，局部损失系数ζ除了与管道管壁的几何特征有关外，还取决于雷诺数Re的大小。然而从实用的观点来看，流动受到局部干扰后会较早地进入阻力平方区。

因此在实际计算时，可以认为在雷诺数$Re>1\times10^4$的条件下，ζ与Re无关。

5.2.4 测量阀门阻力系数实验分析

阀门阻力实验原理如图 5-4 所示。

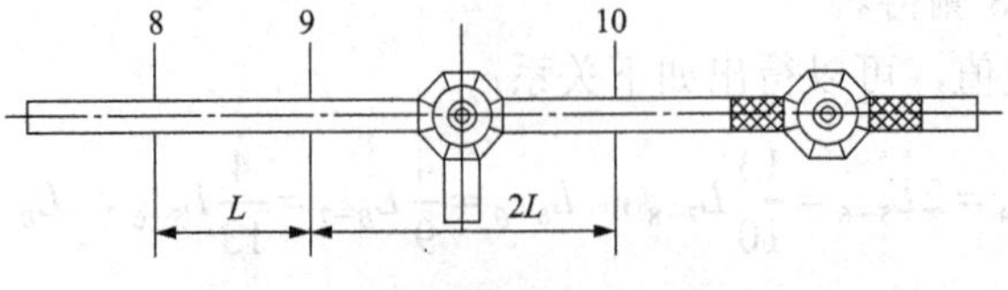

图 5-4 阀门阻力系数测定实验管路

取 8、9 两测点所在的断面列能量方程式，（由图 5-4 得出 $L_{9-10}=2L_{8-9}=2L$）管道在 L 长度上的沿程水头损失，以 h_{w1} 表示，则

$$h_{w1}=\frac{p_8-p_9}{\rho g}=\Delta h_1$$

对 9、10 两测点所在断面列能量方程式，可求得阀门的局部水头损失 h_j 及 $2L$ 长度上的沿程水头损失 $2\Delta h_1$，以 h_{w2} 表示，则

$$h_{w2}=\frac{p_9-p_{10}}{\rho g}=\Delta h_2=h_j+2\Delta h_1$$

阀门的局部水头损失 h_j 应为

$$h_j=\Delta h_2-2\Delta h_1$$

即

$$\zeta\frac{v_2^2}{2g}=\Delta h_2-2\Delta h_1$$

阀门的局部水头损失系数为

$$\zeta=(\Delta h_2-2\Delta h_1)\frac{2g}{v^2} \tag{5-8}$$

式中 v——管道的平均流速。

5.3 实 验 操 作

5.3.1 突扩与突缩实验步骤

（1）开机前的准备工作。

1）对照实验资料，从实验台中找到与实验相关的实验管路。

2）熟悉实验装置的结构，检查实验管路及水箱是否有问题。

3）记录相关的实验常数，如实验管路的内径和实验管路的长度（不同实验装置的数值可能不同）。

（2）启动水泵，然后慢慢打开出水阀门时水流经过实验管路。在此过程中（并关闭其他实验管的进水阀和出水阀），观察和检查管路系统、测压管及其导管中有无气泡存在，应尽可能利用实验管路上的放气阀门或用其他有效措施将系统中存在的气体排尽。

（3）进行实验，测录数据。

1）关闭出水阀门使水箱充满水，直到开始溢流为止。

2）打开出水侧阀门，使压差达到测压管可测量的最大高度。

3）测量测压管的液柱高和前后水柱的高度（计算压差值），注意测量流量的时间不少于 20s 或者计量水的体积不小于 500mL。

4）调节出水侧阀门的开度得到所需要的实验次数。注意：实验点的压差值不宜太接近。适当减小流量，需要稳定 2～3min 后测量在新工况下的实验结果。

（4）实验结束，停止水泵，打开一条实验管路上的出水阀门将水箱中的水放掉。

实验表明：主流脱离壁面，在主流和壁面间形成了旋涡区是局部损失形成的主要原因。旋涡区越大，旋涡强度越大，局部损失也越大。局部损失的大小与流速的水头成比例，湍流

条件下的局部损失系数与流道边壁的几何特征有关。

5.3.2 阀门阻力实验步骤及要求

（1）本实验共进行三组实验：阀门全开、开启 30°、开启 45°、开启 60°、开启 75°，每组实验测量三个点的水柱高度。

（2）开启进水阀门，使压差达到测压计可量测的最大高度。

（3）测读压差，同时用体积法量测流量。

（4）每组三个实验点的压差值不要太接近。

（5）关闭电源，停止水泵，打开一条实验管路上的出水阀门将水箱中的水放掉。

5.4 实验报告内容

5.4.1 实验前的预习内容（到实验室前完成）

（1）叙述实验目的，以及实验中要测试哪些参数，如何测试。

（2）根据实验项目的名称结合课本上讲的相关内容，设计一台阀门局部阻力系数的实验装置来达到实验目的，并画出原理图，说明其实验原理。

5.4.2 实验数据处理

（1）需要记录与测量的实验管路有关常数：

突然扩大前管径 d_1= 1.4 10^{-2}m，断面面积 A_1=________m^2

突然扩大后管径 d_2= 2.5 10^{-2}m，断面面积 A_2=________m^2

突然缩小管管径 d_3= 1.4 10^{-2}m，断面面积 A_3=________m^2

实验管路各段长度：l_{3-4}= 13 10^{-2}m，l_{4-5}= 26 10^{-2}m，l_{5-6}= 13 10^{-2}m，

l_{6-B}= 4 10^{-2}m，l_{B-7}= 9 10^{-2}m，l_{7-8}= 10 10^{-2}m。

（2）将实验所得测试结果及实验装置的必要技术数据记入表5-1。计算各局部阻力组件的阻力水头损失h_ζ和局部阻力系数ζ，填入表5-2。

表5-1 **实验数据记录与计算** 实验台编号：______

项目 序号	测压管水柱（头）高度的测量（10^{-2}m）						流体流速的计算			
	h_3	h_4	h_5	h_6	h_7	h_8	体积V（10^{-6}m^3）	时间t（s）	流量q_V（10^{-6}m^3/s）	流速v（10^{-2}m/s）
1										
2										
3										
4										
5										
6										

表5-2 **局部阻力系数的计算**

局部阻力形式	项目 序号	流量q_V（10^{-6}m^3/s）	前断面		后断面		实测沿程损失h_f（10^{-2}m）	实测局部损失h_j（10^{-2}m）	实测局部阻力系数ζ	理论局部损失h_ζ（10^{-2}m）
			$\frac{\alpha v^2}{2g}$（10^{-2}m）	总水头h（10^{-2}m）	$\frac{\alpha v^2}{2g}$（10^{-2}m）	总水头h（10^{-2}m）				
突然扩大	1									
	2									
	3									
	4									
	5									
	6									
突然缩小	1									
	2									
	3									
	4									
	5									
	6									

表 5-3　阀门阻力系数实验数据记录

阀门开度	序号	测压管水柱高度（10^{-2}m） h_8	h_9	h_{10}	体积 V（$10^{-6}m^3$）	时间 t（s）	流量 q_V（$10^{-6}m^3/s$）	流速 v（10^{-2}m/s）
全开	1							
	2							
30°	1							
	2							
45°	1							
	2							
60°	1							
	2							
75°	1							
	2							

表 5-4　阀门阻力系数计算

阀门开度	序号	测压管水柱高度差值（10^{-2}m） Δh_1	Δh_2	阀门阻力损失 h_j（10^{-2}m）	流速 v（10^{-2}m/s）	阀门阻力系数 ζ
全开	1					
	2					
30°	1					
	2					
45°	1					
	2					
60°	1					
	2					
75°	1					
	2					

5.4.3　分析与思考

（1）结合实验成果，分析比较突扩与突缩在相应条件下的局部损失大小。

（2）将实验测得到的ζ值与理论公式计算值（突扩）与经验公式值（突缩）相比较，并对结果做出分析。

（3）管径粗细相同、流量相同的条件下，试问 $d_1/d_2(d_1>d_2)$ 在何范围内圆管突然扩大的水头损失比突然缩小的大？

（4）不同开启度时，如果把流量调至相等，ζ值是否相等？

实验 6 伯努利（Bernoulli）方程实验

丹尼尔·伯努利在 1726 年通过无数次实验，发现了边界层表面效应：流体速度加快时，物体与流体接触的界面上的压力会减小，反之压力会增加，提出了伯努利原理。这是在流体力学的连续介质理论方程建立之前，水力学所采用的基本原理，其实质是流体的机械能守恒，即动能+重力势能+压力势能=常数。其最为著名的推论为等高流动时，流速大，压力就小。

需要注意的是，由于伯努利方程是由机械能守恒推导出的，所以它仅适用于黏度可以忽略、不可压缩的理想流体。

6.1 实 验 目 的

（1）验证静压原理。

（2）掌握流体水头高度及流量等参数的测量方法。

（3）绘制测压管水头线和总水头线，以验证能量方程并观察测压管水头线沿程随管径变化的情况。

（4）分析实测全压水头与计算全压水头产生差异的原因。

（5）掌握流体流经能量方程实验管的能量转化情况，对实验中出现的现象进行分析，加深对能量方程的理解。

6.2 实 验 原 理

6.2.1 定性分析实验

验证静压原理：启动水泵，等水灌满管道后，关闭实验管路右侧的阀门，这时观察到能量方程实验管上各个测压管的水柱高度相同，因管内的水流静止没有流动损失，因此静水头的连线为一条平行于基准线的水平线，即在静止不可压缩均质重力流体中，任意点单位重力作用下的位势能和压力势能之和保持不变，与测点的高度和测点的前后位置无关，这时水柱高度的数值就是流体流动前所具有的总水头。

6.2.2 测速

能量方程实验管上的每一组测压管都相当于一个皮托管，可测得管内任一点的流体速度，本实验台已将测压管开口位置设在能量方程实验管的轴心，故所测得为轴心处的动压，即最大速度。

皮托管点的速度计算公式为

$$v_p = \sqrt{2g\Delta h} \tag{6-1}$$

平均速度计算公式为

$$v = \frac{q_V}{A} \tag{6-2}$$

式中 v——流体的平均流速；

q_V——流体的流量；

A——管路的过流截面面积。

连续方程是质量守恒定律在流体力学上的表现形式，在一元流动中，根据 $v_1A_1 = v_2A_2 = q$，计算某一工况各测点处的轴心速度和平均流速填入表 6-1，可验证连续性方程。对于不可压缩流体稳定的流动，当流量一定时，管径粗的地方流速小，细的地方流速大。

6.2.3 伯努利方程

在管路中沿管内水流的方向取 n 个过水断面，在恒定流动中，可以列出进口断面（1）至另一断面（i）的伯努利方程（i=2，3，…，n），实际流体具有黏性，在流动中有能量损失，对于实际流体的能量方程（即伯努利方程）为

$$z_1 + \frac{p_1}{\rho g} + \frac{a_1 v_1^2}{2g} = z_i + \frac{p_i}{\rho g} + \frac{\alpha_i v_i^2}{2g} + h_{w1-i} \tag{6-3}$$

式中 $\frac{v_1^2}{2g}$，$\frac{v_i^2}{2g}$——速度水头，即单位质量流体所具有的动能；

$\frac{p_1}{\rho g}$，$\frac{p_i}{\rho g}$——压强水头，即单位质量流体所具有的压强势能；

z_1, z_i——位置水头，即单位质量流体所具有的位能；

$z_1 + \frac{p_1}{\rho g}, z_2 + \frac{p_i}{\rho g}$——测压管水头，即单位质量流体所具有的总势能；

$z_1 + \frac{p_1}{2g} + \frac{v_1^2}{2g}, z_2 + \frac{p_2}{2g} + \frac{v_i^2}{2g}$——总水头，即单位质量流体所具有的机械能；

h_{w1-i}——断面 1 到断面 i 间的水头损失，也称能量损失。

式（6-3）中取 $\alpha_1 = \alpha_2 = \cdots = \alpha_n = 1$，选好基准面，从已设置的各断面的测压管中读出 $z + \frac{p}{\rho g}$ 值，测出通过管路的流量，即可计算出断面平均流速 v 及 $\frac{\alpha v^2}{2g}$，从而即可得到各断面测压管水头和总水头。

流体从断面 1 到断面 i 时，位置水头、压力水头和速度水头三者可以相互转化，如果加上能量损失，应该保持一个常数 H。

6.2.4 测压管

实验中测压管分为普通测压管与皮托管测压管（全压管）两种：

（1）普通测压管即静压测管，用于测量静压强或者静水头$\left(z+\dfrac{p}{\rho g}\right)$，测压点 12、13、14、16、18、20 和 22 为静压测管。

（2）皮托管测压管即全压管，用于测量轴中心处的流体的全压强或者总水头$\left(H=z+\dfrac{p}{\rho g}+\dfrac{v^2}{2g}\right)$，全压管为一内径 0.12×10^{-2}m 的不锈钢管，弯曲 90°插入实验管路中，测口位于实验管中心线上且迎着流体流动的方向。实验管上的测压点中 11、15、17、19、21 和 23 为全压测管。

伯努利方程实验管采用有机玻璃制作如图 6-1 所示，实验管内径 1.4×10^{-2}m，扩大段实验管为 2.5×10^{-2}m，文丘里段喉部内直径为 0.8×10^{-2}m。在靠近流量调节阀处安装有全压测点用以测量管内流体的流量。伯努利管上共安装有 13 个测压点，包括全压测点和静压测点，并设置了位置水头转变为速度水头段、突扩段、突缩段。

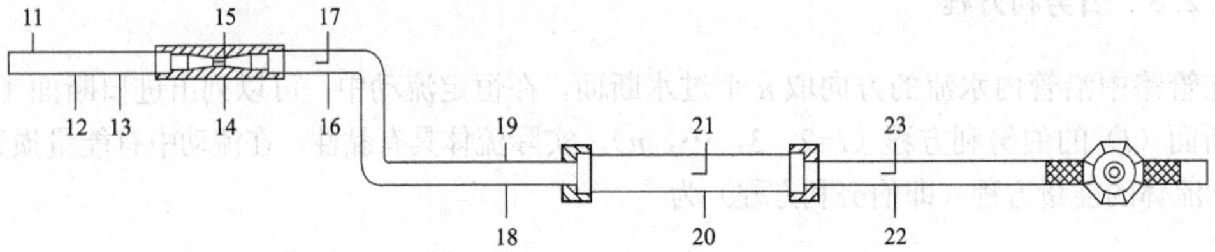

图 6-1 伯努利实验管

6.3 实验步骤

从实验台中找到与实验相关的实验管路。

（1）熟悉实验设备，分清哪些是普通测压管（静压管），哪些是皮托管测压管（全压管），并注意两者功能的区别。

（2）供水使水箱充满水，待水箱溢流，检查调节阀关闭后所有全压管水面是否齐平。如果不平则需查明故障原因（如连通管受阻、漏气或夹气泡等）并加以排除，直至调平。

（3）打开出水侧调节阀，观察思考：

1）测压水头线和总水头线的变化趋势。

2）位置水头、压强水头之间的相互关系。

3）流量增加或减小时测管水头如何变化。

（4）调节实验管路右侧阀门的开度，待实验管路水流稳定 2～3min 后，测量并记录各对应测压管液面读数，同时用量杯计量不少于 500mL 水的体积及流入量杯水的体积所需要的时间，以便计算出实验流量的数值 $q_V=\dfrac{\Delta V}{t}$。

（5）改变实验管路右侧阀门开度 2～4 次，重复实验步骤（4）。

（6）关闭电源，停止水泵，打开一条实验管路上的出水阀门将水箱中的水放掉。

注意：测量出实验管路右侧阀门关闭时流体速度为零的情况下测压管的数值。

6.4 实验报告内容

6.4.1 实验前的预习内容（到实验室前完成）

（1）叙述实验目的，以及实验中要测试哪些参数，如何测试。

（2）根据实验项目的名称结合课本上讲的相关内容，设计一台实验装置来达到实验目的，并画出原理图，说明其实验原理。

6.4.2 实验数据及整理

（1）记录有关常数。

均匀段 d_1 =__1.4__ $\times10^{-2}$m，缩管段 d_2 =__0.8__ $\times10^{-2}$m，扩管段 d_3 =__2.5__ $\times10^{-2}$m

水箱液面高度 ∇_0 =______ $\times10^{-2}$m，上管中心线到桌面距离 ∇_{z1} =______ $\times10^{-2}$m

下管中心线到桌面距离 ∇_{z2} =______ $\times10^{-2}$m

（2）计算与分析实验管内流体的流速及实验管径发生变化时，能量方程的能量损失情况变化。在能量方程实验管上布置五组测压管，每组能测出全压和静压。全开实验管右侧阀门，观察测压管的总压沿水流方向的下降情况，说明流体的总势能沿着流体的流动方向是减小的，改变给水阀门的开度，同时测量不同阀门开度下的流量（流体的体积变化量）及相应的测压管水柱高度，数据填入表 6-1。

表 6-1　测压管 $\left(z+\dfrac{p}{\rho g}\right)$ 与轴心处总水头 $\left(z+\dfrac{p}{\rho g}+\dfrac{v^2}{2g}\right)$ 测量数值记录　　实验台编号：________

参数 / 序号	水柱高度（10^{-2}m）								流量（10^{-6}m³/s）
	11*	12	13	14 / 15*	16 / 17*	18 / 19*	20 / 21*	22 / 23*	ΔV / t
1									
2									
3									
4									
流量为零时的静压水头									

注　1．表中带*为全压管（皮托管测压点数值）。

2．伯努利方程实验管中带金属直角针的测点测的是全压强，否则测的就是静压强。

3．能量方程管的中心高以实验台桌面为基准量出，这个尺寸需要各自测得。

由流量计算公式：$q_V=\dfrac{\Delta V}{t}$ 及 $q_V=\dfrac{1}{4}\pi d^2 v$，可知断面平均速度为 $v=\dfrac{4q_V}{\pi d^2}$，流体的压强水头为 $\dfrac{p}{\rho g}$，速度水头为 $\dfrac{v^2}{2g}=\dfrac{8{q_V}^2}{\pi^2 g d^2}$。

根据以上公式计算某一工况各测点处的流体的流速、速度水头，数据填入表 6-2，计算出的流体的总水头的数值填入表 6-3 中。由表 6-2 可验证出连续性方程，对于不可压缩流体稳定的流动，当流量一定时，管径粗的地方流体的速度小，管径细的地方流体的速度大。

表 6-2　流体流速及速度水头计算

参数 / 序号	流量	管径 1			管径 2			管径 3		
	q_V （10^{-6}m³/s）	A_1 （10^{-4}m²）	v_1 （10^{-2}m/s）	$\dfrac{v_1^2}{2g}$ （10^{-2}m）	A_2 （10^{-4}m²）	v_2 （10^{-2}m/s）	$\dfrac{v_2^2}{2g}$ （10^{-2}m）	A_3 （10^{-4}m²）	v_3 （10^{-2}m/s）	$\dfrac{v_3^2}{2g}$ （10^{-2}m）
1										
2										
3										
4										

表 6-3 断面总水头$\left(H = z + \dfrac{p}{\rho g} + \dfrac{v^2}{2g}\right)$计算

参数 / 序号	水柱高度（10^{-2}m）							流量（$10^{-6}m^3/s$）
	H_{12}	H_{13}	H_{14}	H_{16}	H_{18}	H_{20}	H_{22}	q_V
1								
2								
3								
4								

6.4.3 分析与思考

（1）在图 6-2 绘制上述数据中最大流量下的全压水头线 $H—H$ 和测压管静水头线 $p—p$ 。

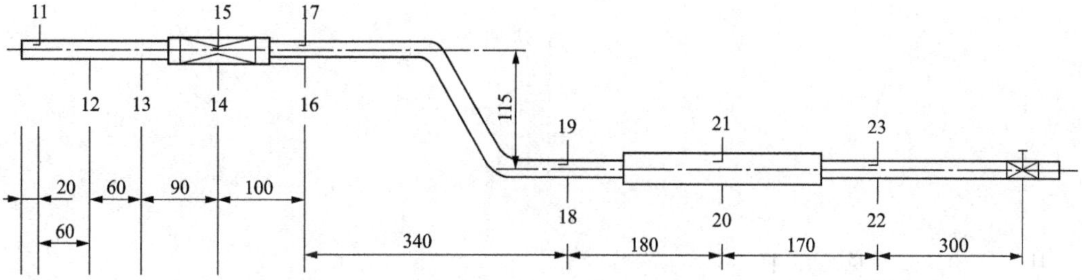

图 6-2 绘制最大流量下测压管水头线及总水头线

（2）测压管水头线和总水头线的变化趋势有何不同？为什么？

（3）阀门开大时，流量增加，测压管水头线有何变化？为什么？

（4）皮托管测量的总水头线与按照实际断面流体的平均流速绘制的总水头线一般都有差异，按照上面实验取得的数据，在图 6-3 中分别绘制它们的曲线，并分析其差异的原因。

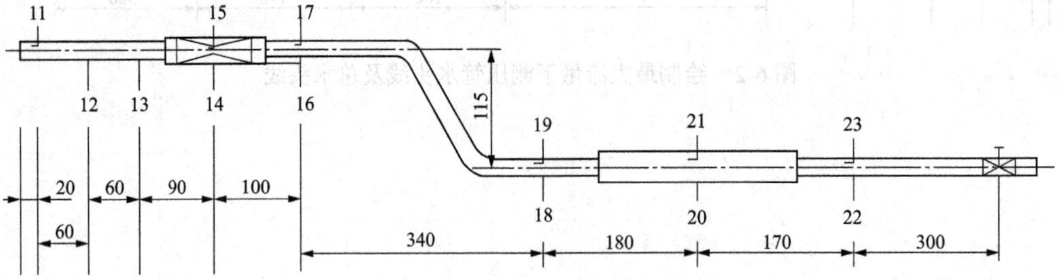

图 6-3　绘制测压管水头线参考图

第Ⅲ部分　流体运动基本原理等实验

实验 7　流动现象分析综合实验

流体运动基本原理包含流体运动的描述方法、流线等流动的基本概念、有旋流与无旋流、运动基本方程、恒定平面势流等内容。初步涉及流体运动知识，往往觉得概念抽象，对流动现象缺乏感性认识。本实验以流动现象演示为主，通过直观可视、形象生动的流场流动迹线，加深学生对流体流动基本原理的理解。

7.1　实　验　目　的

（1）了解微气泡示踪法流动可视化方法。

（2）观察管流、射流、明渠流动中的多种流动现象。

（3）理解局部阻力、绕流阻力、柱体绕流振动的发生机理。

（4）结合工程实例，了解流体力学基本原理在工程实际中的应用。

7.2　实验装置与工作原理

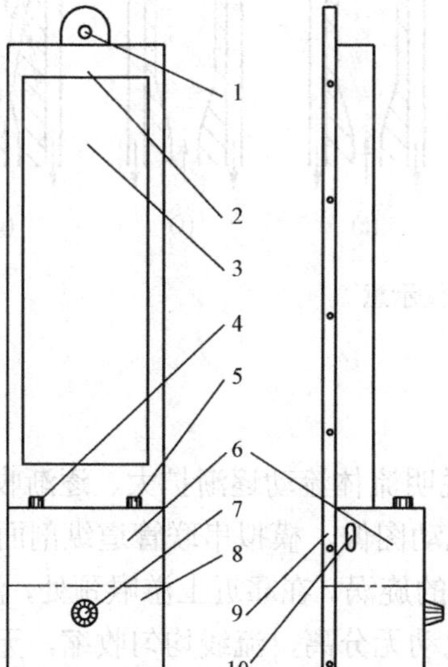

图 7-1　流体流动现象分析综合实验装置

1—挂孔；2—彩色有机玻璃面罩；3—不同边界的流动显示面；4—加水孔孔盖；5—掺气量调节阀；6—蓄水箱；7—可控硅无级调速旋钮；8—电气、水泵室；9—铝合金框架后盖；10—水位观测窗

7.2.1　实验装置简图

实验装置及各部分名称如图 7-1 所示。

7.2.2　实验工作原理

实验装置以气泡为示踪介质，以透明平板间狭缝流道为流动显示面。在狭缝流道中设有特定的边界流场，用于显示内流、外流、射流等多种流动类型。水从蓄水箱经过掺气后由水泵驱动流到显示板，再通过两边的回水流道回到蓄水箱。水流通过显示板时，因掺气而夹带无数的小气泡，在仪器内荧光灯的照射和显示面板的衬托下，发出明亮的折射光，清楚地显示出小气泡随水流动的图像。由于气泡的粒径大小、掺气量的多少可由掺气量调节阀任意地调节，故能调节小气泡使其相对水流流动具有足够的跟随性。显示板设计成不同形状的边界，整套装置由七台独立的自循环仪器组成，配以不同的流动现象。流动现象可以形象地显示出不同的流动边界，包括流动边界层分离、尾流、旋涡等多种流动形态及其水流内部质点的运动特性。

7.2.3 使用方法

打开电源，逆时针关闭掺气量调节阀 5，经过 1～2min，待流道内充满流体后再开启阀 5 进行掺气实验。

7.3 实验说明

流动现象分析仪示意如图 7-2 所示。

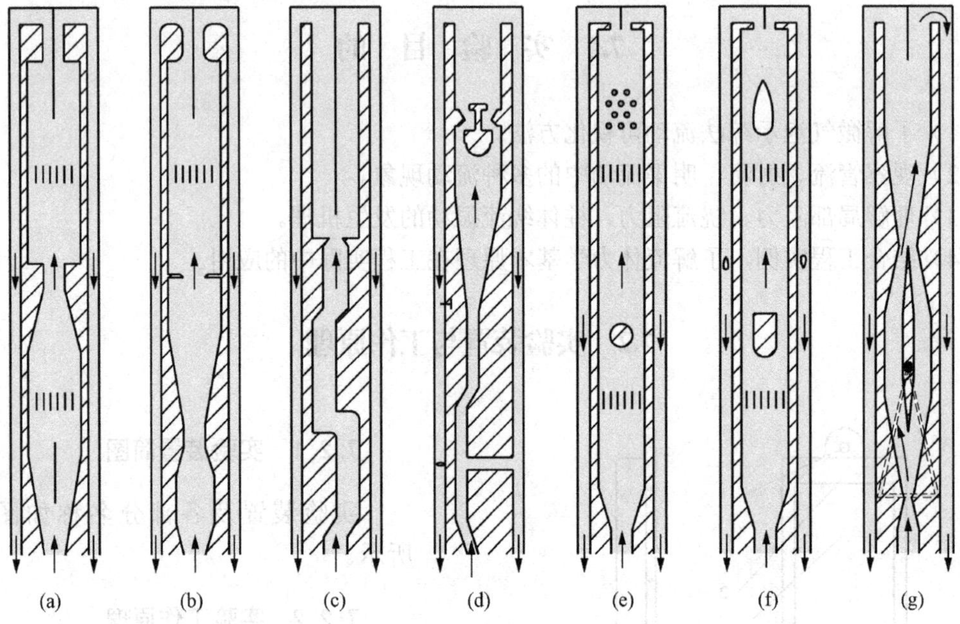

图 7-2 流动现象分析仪示意

7.3.1 ZL-1 型流动现象分析仪

ZL-1 型流动现象分析仪［见图 7-2（a）］：分析说明流体流动逐渐扩大、逐渐收缩、突然扩大、突然收缩、壁面冲击、直角弯道等平面上的流动图像，模拟串联管道纵剖面流谱。

（1）在逐渐扩大段可看到由于边界层分离而形成的旋涡。在靠近上游喉颈处，流速越大，旋涡尺度越小，紊动强度越高；而在逐渐收缩段，流动无分离，流线均匀收缩，无旋涡。由此可知，逐渐扩大段局部水头损失大于逐渐收缩段。

（2）在突然扩大段出现较大的旋涡区，在突然收缩段上，只在死角处和收缩断面的进口附近出现较小的旋涡区。这表明突扩段比突缩段有较大的局部水头损失（缩扩的直径比大于 0.7 时例外），并且突缩段的水头损失主要发生在突缩断面之后，因此水头损失也主要产生在突缩断面之后。

研究给出了流体流速为 4m/s 时，突扩比（定义管道的突扩比 $E=D/d$）E 分别为 1.3、1.5、1.7、2.0 的管道下游流场分布。由图 7-3 可见，扩比 E=1.3 时，管道流体受到的阻碍较小，靠近轴线附近的流体大部分沿着主流方向流动，并且在管壁和主流区之间形成涡漩，带动靠近壁面的流体继续向下游移动，由于靠近壁面流体较少，中心流体可以保持较高速度流动；突扩比 E=2.0 时，管道流体受到的阻碍较大，靠近壁面的流体增多，轴线附近的流体减少，随着流体向下游流动，中心流体与壁面流体充分混合，速度分布逐渐趋向于稳定，由于中心流体的减少和壁面流体份额的增多，导致中心流体速度下降较快。

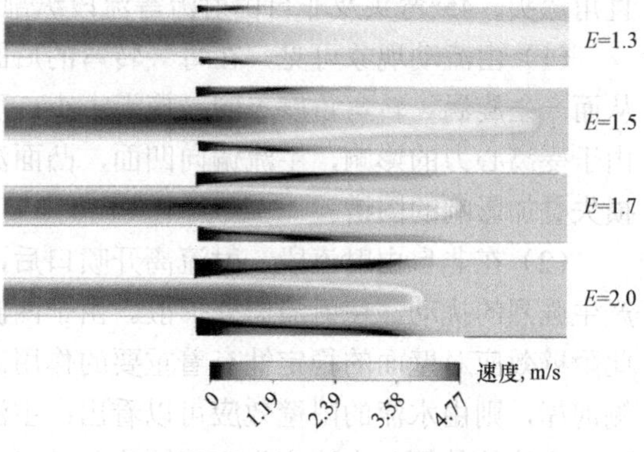

图 7-3　不同突扩比下的管道流场分布

由于本仪器突缩段较短，也可模拟直角进口管嘴的流动。在管嘴进口附近，流线明显收缩，并有旋涡产生，致使有效过流断面减小，流速增大，从而在收缩断面出现真空。

（3）在直角弯道和水流冲击壁面段，也有多处旋涡区出现。尤其在弯道流动中，流线弯曲加剧，越靠近弯道内侧，流速越小。在近内壁处，出现明显的回流，所形成的回流范围较大。将直角弯道与 ZL-2 型中圆角弯道流动对比，可以看出圆角弯道旋涡范围较小，流动较顺畅，表明圆角弯道比直角弯道水头损失小。

旋涡的大小与紊动强度及流速有关，这可以通过调节流量来对比观察。当流量减小时，渐扩段流速较小，其紊动强度也较小，这时可看到在整个扩散段有明显的单个大尺度旋涡；反之，当流量增大时，单个尺度旋涡随之破碎，形成无数个小尺度的旋涡，流速越高，紊动强度越大，旋涡尺度越小。上述清楚表明：旋涡尺度随着紊动强度增大而变小，水质点间的内摩擦加强，水头损失增大。

7.3.2　ZL-2 型流动现象分析仪

ZL-2 型流动现象分析仪［见图 7-2（b）］：分析说明文丘里流量计、孔板流量计、圆弧进口管嘴流量计及壁面冲击、圆弧形弯道等串联流道纵剖面上的流动图像。

（1）由图像可见，文丘里流量计的过流顺畅，流线顺直，无边界层分离和旋涡产生。

（2）在孔板前，流线逐渐收缩，汇集于孔板的过流孔口处，孔板后的水流并不马上扩散，而是继续收缩至最小断面，称为收缩断面。在收缩断面之前，只在拐角处有小旋涡出现；在收缩断面之后，流体才开始扩散。扩散后的水流犹如突然扩大一样，在主流区周围形成强烈的旋涡回流区。由此可知，孔板流量计的过流阻力远比文丘里流量计大。

（3）圆弧进口管嘴流量计入流顺畅，管嘴过流段上无边界层分离和旋涡产生。

对以上图像分析可以了解三种流量计结构、优缺点及其用途。文丘里流量计由于水头损失小而广泛地应用于工业管道上。孔板流量计结构简单，测量精度高，但水头损失很大。圆弧进口管嘴流量计出流的流量系数（0.9～0.98）大于直角进口管嘴出流的流量系数（约为 0.82），说明圆弧进口管嘴流量计进口流线顺畅，水头损失小。

利用流量计的过流特点可拓展流量计的用途，如孔板流量计损失大是其缺点，但利用孔板消能又是优点。例如，黄河小浪底水电站，在有压隧洞中设置了五道孔板式消能孔，其消能机理就是利用孔板水头损失大的原理，使泄洪余能在隧洞中消耗，从而解决了泄洪洞出口缺乏消能条件时的工程问题。又如，应用圆弧形管嘴进口损失小的原理，在工程上设计逐渐收缩的喇叭形取水口，优化取水口形状。

7.3.3 ZL-3 型流动现象分析仪

ZL-3 型流动现象分析仪［见图 7-2（c）］：通过实验分析说明 30°弯头、直角圆弧弯头、直角弯头、45°弯头及非自由射流等流段纵剖面上的流动图像。

（1）由流动现象可见，在每一转弯的后面，都因为边界条件的改变而产生边界层分离，从而产生旋涡。转弯角度不同，旋涡大小、形状各异，水头损失也不一样。在圆弧转弯段，由于受离心力的影响，主流偏向凹面，凸面流线脱离边壁形成回流。该流动还显示局部水头损失叠加影响的图谱。

（2）在非自由射流段，射流离开喷口后，不断卷吸周围的液体，形成两个较大的旋涡，产生强烈的扰动，使射流向外扩散。由于两侧边壁的影响，可以看到射流的附壁效应现象，此附壁效应对壁面的稳定性有着重要的作用。若把喷口后的中间导流杆当作天然河道里的一侧河岸，则由水流的附壁效应可以看出：主流沿河岸高速流动，该河岸受水流的严重冲刷；而在主流的外侧，水流产生高速回旋，使另一侧河岸也受到局部冲刷；在喷口附近的回流死角处，因为流速小，湍流强度小，则可能出现泥沙的淤积。

7.3.4 ZL-4 型流动现象分析仪

ZL-4 型流动现象分析仪［见图 7-2（d）］：分析说明弯道、分流、合流、YF 溢流阀、闸阀、蝶阀等流段纵剖面上的流动图谱。

图 7-4 所示为蝶阀的三维模型，闸阀半开时，尾部旋涡区较大，水头损失也大。蝶阀全开时，过流顺畅，阻力小；半开时，尾涡紊动激烈，表明阻力大且易引起振动。蝶阀通常作检修用，故只允许全开或全关。

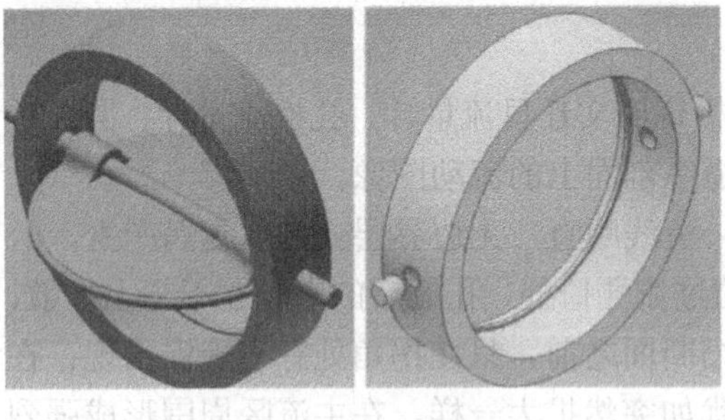

图 7-4 蝶阀的三维模型

YF溢流阀是液压传动中必不可少的控制阀。当液压系统中压力升高并达到溢流阀的开启压力时，将通过排放液体到油箱中来降低系统压力，起到调节系统压力的作用，此时溢流阀口在正常工作时是常开状态。当溢流阀作安全阀使用时，溢流阀口在正常工作时是常闭状态，溢流阀通常工作的介质是液压油，但是近几年水介质液压件的技术有了很大的提高，超高压水介质设备的应用也逐渐增多，实验装置中就是用水介质来进行实验现象分析，通过实验可以清晰地看到阀芯前后的流动形态，高压流体经过阀口喷出后，在阀芯的圆弧段发生边界层分离，出现漩涡带，在射流和阀口处，也产生了较大漩涡带，在阀芯后尾迹区大而复杂，并且有随机的卡门涡街产生。经过阀芯顶部周围流过的小股流体也在尾迹区产生不规则的左右扰动，调节流过的流量，旋涡的形态仍然不变。

如图 7-5 所示，当流体流经阀口进入出口阀道时，速度急剧增大。阀道内的流动大致分为两部分：一部分是流进到流出的主流部分，出口阀道右边区域流速明显大于其他区域；另一部分则表现为主流与壁面发生脱离，贴近壁面处的速度相对较低，在图中可以看到三个明显的旋涡，分别出现在阀芯拐角处、阀左腔回转区、出口腔拐角区域。流线的疏密程度可以看出，位于出口腔拐角区域的旋涡强度大，阀左腔回转区旋涡次之，位于阀芯拐角处的最小。这三个旋涡极大消耗了主流运动能量，使得液流能量下降，与此同时带来了压降。可以看出，湍动能分布在进出口连通区域和出口腔比较密集，在回转区拐角处紊流湍动能最大。顺着主流运动来看，主流将会对出口腔右侧壁面产生较大冲击。这些部位同时也是能量损失的主要部位。

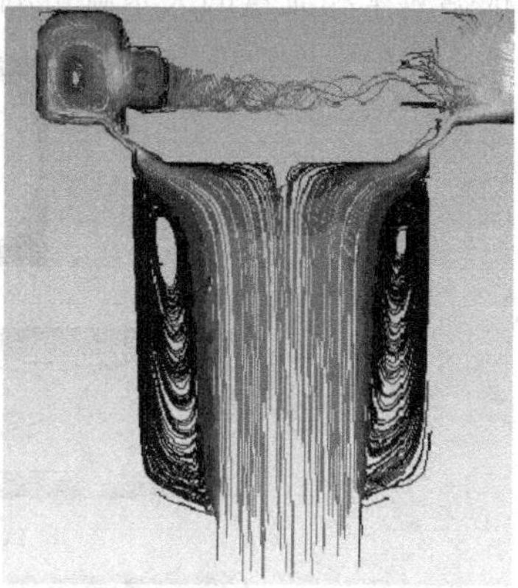

图 7-5　阀芯周围流体流动仿真

7.3.5　ZL-5 型流动现象分析仪

ZL-5 型流动现象分析仪［见图 7-2（e）］：通过流动现象分析明渠逐渐扩散、单圆柱绕流、多圆柱绕流、直角弯道等流段的流动图像。圆柱绕流是该型演示仪的特征流谱。

由流动图像可见，单圆柱绕流时流体在驻点的停滞现象、边界层分离状况、分离点位置、卡门涡街的产生与发展过程，以及多圆柱绕流时流体混合、扩散、组合旋涡等流谱。现分述如下：

（1）驻点。观察流经圆柱前驻点的小气泡，可以看出流动在驻点上明显停滞，流速为零，表明在驻点处动能全部转化为压强势能。

（2）边界层分离。水流在驻点受阻后，被迫向两边流动，此时水流的流速逐渐增大，压强逐渐减小，当水流流经圆柱体的轴线位置时，流速达到最大，压强达到最小；当水流继续向下游流动时，在靠近圆柱尾部的边界上，水流开始与圆柱体分离，称为边界层的分离。边界层分离后，在分离区的下游形成回流区，称为尾涡区。尾涡区长度和紊动强度与来流的雷诺数有关，雷诺数越大，紊动越强烈。

边界层分离常伴随着旋涡的产生，引起较大的能量损失，增加流体的阻力。边界层分离后会产生局部低压，以至于有可能出现空化、空蚀等破坏现象。因此，边界层分离是一个很重要的现象。

（3）卡门涡街。如图 7-6 所示，边界层分离以后，如果雷诺数增加到某一数值，就不断交替地在两侧产生旋涡并流向下游，形成尾流中的两条涡列，一列中某一旋涡的中心恰好对着另外一列中两个旋涡之间的中点，尾流中这样的两列旋涡称为涡街，因由冯 · 卡门（Von Karman）首先发现该现象，所以又称为卡门涡街。旋涡的能量由于流体的黏性而逐渐消耗，因此在柱体后面一个相当长的距离以后，旋涡就逐渐衰减至最终消失。

对卡门涡街的研究在工程实际中具有很重要的意义。卡门涡街可以使柱体产生一定频率的横向振动。若该频率接近被绕流物体的固有频率，就可能产生共振。例如，在大风中电线发出的响声，就是由于振动频率接近电线的固有频率，产生共振现象而发出的；潜艇在行进中，潜望镜会发生振动；高层建筑、高烟囱、悬索桥等在大风中会发生振动，其根源在大多数情况下也是出于卡门涡街的作用，因此，在工程设计中应予以重视。

卡门涡街的频率与管流的过流量有关。可以利用卡门涡街频率与流量之间的关系，制成涡街流量计。其方法是在管路中安装一个旋涡发生器和检测元件，通过检测旋涡的频率信号，根据频率和流量的关系就可测出管道的流量。

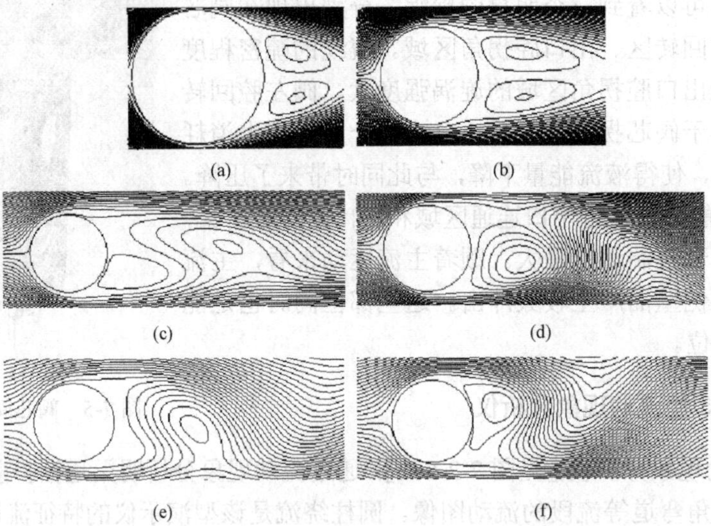

图 7-6 不同雷诺数的均匀流圆柱绕流图（参考）

（a）Re=20；（b）Re=40；（c）Re=67；（d）Re=100；（e）Re=150；（f）Re=185

（4）圆柱绕流。圆柱绕流一直是众多理论分析、实验研究及数值模拟的对象，但是由于圆柱周围三维水流的复杂性，迄今对该流动现象物理本质的理解仍是不完整的，特别是对于圆柱绕流流态与圆柱桥墩周围冲刷的关系问题，尚未形成系统的理论研究。图 7-7 所示为串列桥墩周围流场，可以看出上下游桥墩均有涡体脱落，涡体位置、大小分布规律相似，上游圆柱分离剪切层在下游圆柱重复位置基本相同，数值计算流场结果与实验观测结果吻合较好，总之，串列桥墩尾流运动较单圆柱桥墩复杂，与两桥墩间距密切相关。

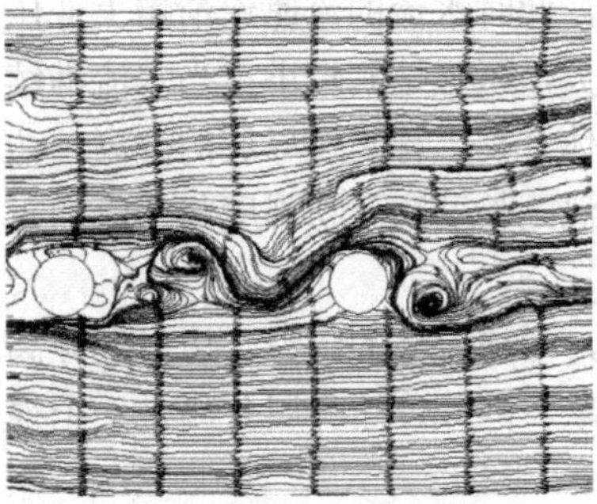

图 7-7 串列桥墩绕流流场

（5）多圆柱绕流。多圆柱绕流广泛用于热工传热系统的冷凝器及其他工业管道的热交换器等。流体流经圆柱时，边界层内的流体和柱体发生热交换，柱体后的旋涡则起掺混作用；然后流经下一柱体，再交换，再掺混，换热效果较佳。另外，对于高层建筑群，也有类似的流动图像，即当高层建筑群承受大风袭击时，建筑物周围也会出现复杂的风向和组合气旋，这应引起建筑师的关注。

7.3.6* ZL-6 型流动现象分析仪

ZL-6 型流动现象分析仪［见图 7-2（f）］：由下至上依次为明渠渐扩、桥墩形钝体绕流、流线体绕流、直角弯道和正、反流线体绕流等流段上的流动图谱。

（1）桥墩形柱体为圆头方尾的钝形体，水流脱离桥墩后，在桥墩的后部形成卡门涡街。该图谱说明了非圆柱绕流也会产生卡门涡街。例如，我国自行设计与建造的南京长江大桥在桥墩的施工过程中，方形沉井曾在卡门涡街的影响下产生较大的振动，一度出现重达几千吨的沉井来回飘移摆动、多根粗达 40mm 的锚索被绷断的险情。对比观察圆柱形绕流与钝体绕流可见：前者涡街频率 f 是雷诺数 Re 的函数，Re 不变时，频率 f 不变；而后者涡街的频率具有较明显的随机性，即使 Re 不变，频率 f 也随机变化。此现象说明了圆柱形绕流频率可由公式计算，而非圆柱形绕流频率一般不能计算的原因。

【引例】2020 年 5 月虎门大桥（见图 7-8）发生异常抖动，随后很多土木工程领域的学者指出这应该是大跨度桥梁较常见的涡振，对桥梁的破坏并不剧烈，然而不少媒体进一步引申出 1940 年塔科马大桥的垮塌事件来说明涡振的剧烈程度和破坏性。进行简单搜索共振、卡门涡街和塔科马大桥，都能在词条中看到卡门涡街或共振是塔科马大桥垮塌的原因等描述。此次专家研判认为桥梁异常振动是由特定风况引起的，振幅在设计允许范围内，桥梁结构运行正常。

图 7-8　1999 年 4 月 20 日通过竣工验收的虎门大桥

涡振也是各种结构中最容易出现的振动，包括桥塔、拉索、主梁和高耸建筑物。但是相对而言，涡振对于大桥结构的危害有限，因为当结构的振动幅度持续增大时，气流受到结构振动的影响，旋涡的周期性脱落就会被破坏。因此，涡振引起的振动幅值是无法无限增大的，对于结构的耐久性和使用性有影响，但是很少会造成结构的彻底损坏。

研究表明：塔科马大桥垮塌的机理已基本认识清楚，是扭转模态为主的颤振导致的结构失稳，而不是卡门涡街激励的共振。虎门大桥出现的波浪形弯曲振动，按风工程研究领域的定义属于涡振，很多学者用涡激共振解释，这次虎门大桥施工过程中，施工方设置了 1.2m 高的挡墙，破坏了主梁原本的流线形状，导致了涡振的发生。最新的研究认为，涡激共振本质上仍是由于结构单自由度失稳所致，卡门涡街是诱发了结构失稳，而不是直接推动结构发生共振。对于桥梁振动的抑制问题，由于桥梁结构复杂，存在模态数量多，频率密集，从结构的单自由度失稳的角度看，多阶弯曲振动很难同时避开中低风速下的易锁频区间。故在桥梁设计时，应通过桥梁气动外形修型，适当增加结构阻尼等方法避免和减缓在设计工况下桥梁的风致振动。对已有桥梁，可以通过安装动力吸振器、流动控制装置等方法消除或减小振动。

（2）绕流体后的卡门涡街会引起振动，绕流体振动问题是工程上极为关心的问题。解决绕流体振动、避免共振主要措施包括：改变流速或流向，以改变卡门涡街的频率或频率特性；或者改变绕流体结构形式，以改变绕流体的自振频率，避免共振。

（3）流线体绕流是流体的最好形式，流动顺畅，形状阻力最小，无旋涡。且从正、反流线体的对比流动显示可见，当流线体倒置时，出现卡门涡街。因此，为使过流平稳，应采用顺流而放的圆头尖尾形（水滴形）流线体。

7.3.7 ZL-7 型流动现象分析仪

ZL-7 型流动现象分析仪［见图 7-2（g）］：射流阀也称为射流液压阀，是利用射流原理做成的执行器，通过它对流体能源实行控制和调节，它是一种分流式液压放大元件，通过流动现象可以分析双稳放大射流阀流动原理。

经喷嘴喷射出的射流可附于任意一个侧面，即产生射流附壁现象。射流附壁现象产生的主要原因是受射流两侧压强差的作用，附壁一侧流速大、压强小；另一侧流速小、压强大。若先附于左壁，则射流右侧压强大于左侧，如图 7-2（g）所示，射流沿左通道流动，并向右出口输出；当旋转仪器表面控制圆盘，使左气道（图中虚线所示）与圆盘气孔相通时（通大气），因大气压作用，射流左侧压强大于右侧而被切换至右壁，流体从左出口输出。这时若再转动控制圆盘，使左、右气道均关闭，切断气流，射流仍能稳定于右通道不变。如果把射流当作一个大信号，气流当作一个小信号，即表明只要射流的附壁一侧获得一个气流小信号（控制信号），便能向另一通道输出一个大信号（射流），且以输出信号的通道位置把脉冲小信号记忆下来。

这种射流装置称为双稳放大射流阀。射流控制系统就是由类似这样一系列不同功能的射流部件所组成的。单稳、双稳、或门、非门等每个单一功能的射流部件，也称为射流元件。因此，双稳放大射流阀也称为双稳射流控制元件。

（1）根据射流的附壁现象可以制作各种射流元件，并可把它们组成自动控制系统或自动监测系统。作为示例，本仪器设置了一个射流对水杯自动加液、自动控制液位的演示装置，如图 7-9 所示。图中双稳放大射流阀 1 是指 7 型流动演示仪中的射流装置，双体水杯 2 外置于 7 型流动演示仪加水孔右侧，杯中的水可经过底部的出水口缓慢排出，杯口上设有溢流板。图中 a、b 均为小孔，孔 a_1、b_1 设在水箱最低液位处；孔 a_3、b_3 设在液面上方的水箱壁；孔 a_2、b_2 设在射流喷口（喉颈）处；孔 a_4、b_4 设在射流左右主流道上，且在两孔口处各接有 90°细弯头，弯管口对准流道中的来流方向。孔 a_1—a_2、b_1—b_2、a_3—a_4、b_3—b_4 均分别用导水管连通。

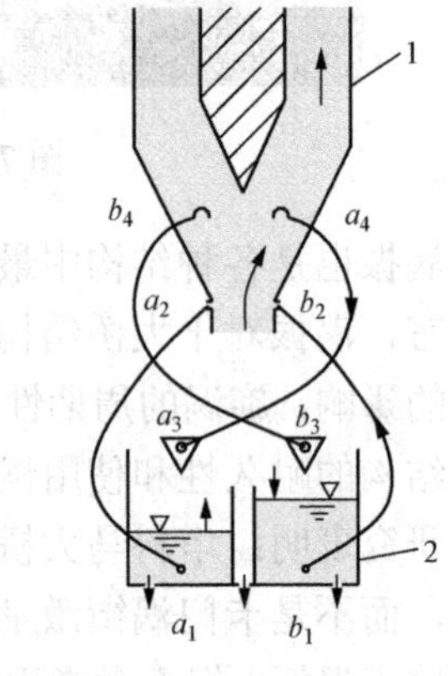

图 7-9 射流元件应用

1—双稳放大射流阀；2—双体水杯

（2）工作原理见图 7-9，先将 7 型流动演示仪的气道控制圆盘置于左、右气道均被关闭状态。若射流先附于右壁，流向右通道，这时在射流冲击的动压力作用下，有部分水流便从 a_4 口流入，经 a_4 与 a_3 之间的连通管向左水杯供水，使杯中水位渐升。而右水杯中的水部分经下出口流出，部分在射流喉颈处负压作用下，经 b_1 与 b_2 之间的连通管流回到射流主流道内；又由于射流的左通道内流速接近于零，故孔 b_4 无动压作用而无进流，右水杯不进水。因此，右水杯水位逐渐下降。右水杯的水位一旦降至低于孔 b_1 位置使孔口露出水面时，原经孔 b_1、b_2 向射流喉颈处抽吸的水流突变为气流，于是在大气压作用下，射流被推向左侧，使 b_4 口受冲进水。这时右水杯变为加液状态，水位上升，而左水杯则停止加液，水位下降。情况与上述相反，直至左水杯孔 a_1 露出水面，便完成一个工作循环。如此不断循环进行。左、右水杯的最低水位均由射流及孔 a_1、b_1 的位置控制，并在射流附壁现象作用下完成对左、右水杯自动交替加液的过程。水杯中最高水位受溢流板控制。

7.4 实验报告内容

7.4.1　实验中要分析的流动现象有哪些？（到实验室之前完成）

7.4.2　思考题

（1）在弯道等急变流段测压管水头不按静水压强规律分布的原因是什么？

（2）计算短管局部水头损失时，各单个局部水头损失之和为什么并不一定等于管道的总局部水头损失？

（3）试分析天然河流的弯道一旦形成，在水流的作用下河道会越来越弯还是逐渐变直。

（4）拦污栅为什么会产生振动，甚至发生断裂破坏？

（5）创新设计：有一个高烟囱风振严重，试设计一个加固方案，要求不能改变或破坏烟囱的主体结构。

实验 8　流量计综合测定实验

流量测量的发展可追溯到古代的水利工程和城市供水系统。例如，古罗马恺撒时代已采用孔板测量居民的饮用水水量；公元前 1000 年左右，古埃及用堰法测量尼罗河的流量；我国著名的都江堰水利工程应用宝瓶口的水位观测水量大小等。

17 世纪托里拆利奠定差压式流量计的理论基础，这是流量测量的里程碑。自此，18、19 世纪流量测量的许多类型仪表的雏形开始形成，如堰、示踪法、皮托管、文丘里管、容积、涡轮、靶式流量计等。

20 世纪由于过程工业、能量计量、城市公用事业对流量测量的需求急剧增长，促使仪表迅速发展，微电子技术和计算机技术的飞跃发展极大地推动仪表更新换代，新型流量计如雨后春笋般涌现出来。至今已有上百种流量计投向市场，现场使用中许多棘手的难题可望获得解决。

最原始、最可靠的流量测量方法是直接测定一定时段内流出一过流断面的流体的体积或质量。根据这种方法制作的流量测试装置成为体积流量计或者是质量流量计。虽然这类设备体积大、较笨重，但是具有很高的可靠度，依旧用于对其他流量计的校准。

8.1　实　验　目　的

（1）掌握文丘里（Venturi）流量计的工作原理和修正系数的测量方法。

（2）掌握压差计的使用方法和体积法测流量的实验技能。

（3）掌握能量方程和连续性方程的使用原则。

（4）学会用孔板流量计测量流量。

8.2　文丘里流量计实验原理

8.2.1　文丘里流量计

文丘里流量计是一种常用的有压管道流量的测量仪，适合于可压缩与不可压缩流体，是差压式流量测量仪表，其基本测量原理是以能量守恒定律——伯努利方程和流动连续性方程为基础的流量测量方法。内文丘里管由一圆形测量管和置入测量管内并与测量管同轴的特型芯体所构成。特型芯体的径向外表面具有与经典文丘里管内表面相似的几何廓形，并与测量管内表面之间构成一个异径环形过流缝隙。流体流经内文丘里管的节流过程同流体流经经典文丘里管、环形孔板的节流过程基本相似。内文丘里管的这种结构特点，使之在使用过程中不存在类似孔板节流件的锐缘磨蚀与积污问题，并能对节流前管内流体速度分布梯度及可能存在的各种非轴对称速度分布进行有效的流动调整，从而实现高精确度与高稳定性的流量测量。

文丘里流量计用于测量封闭管道中相对稳定流体的流量，常用于测量空气、天然气、煤气、水等流体的流量，如图 8-1 所示，属于压差式流量计，由收缩段、喉管和扩散段三部分组成，安装在需要测定流量的管路上。在收缩段进口断面 1—1 和喉管断面 2—2 上设测压孔，并接上差压计，通过测量两个断面的测管水头差Δh，就可计算管道的理论流量 q_V，再经修正得到实际流量 q_{Vs}。

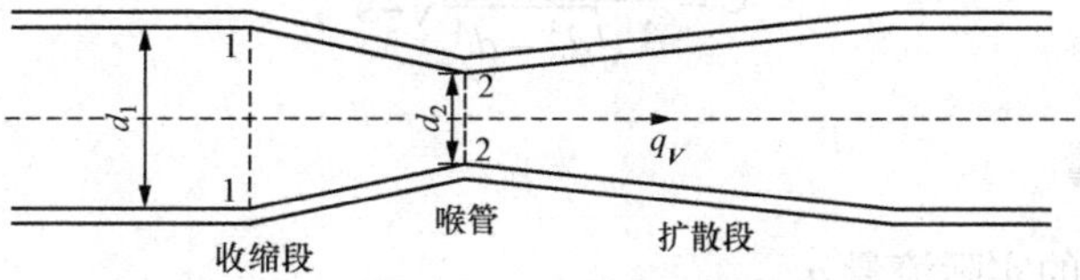

图 8-1　文丘里流量计原理示意

8.2.2　理论流量

不考虑水头损失，速度水头的增加等于测压管水头的减小（即测压管液面高差Δh）通过测得的Δh，建立两断面在平均流速 v_1 和 v_2 之间的一个关系：

$$\Delta h = h_1 - h_2 = \left(z_1 + \frac{p_1}{\rho g}\right) - \left(z_2 + \frac{p_2}{\rho g}\right) = \frac{\alpha_2 v_2^2}{2g} - \frac{\alpha_1 v_1^2}{2g}$$

假设动能修正系数为　$\alpha_1 = \alpha_2 = 1$

则

$$\left(z_1 + \frac{p_1}{\rho g}\right) - \left(z_2 + \frac{p_2}{\rho g}\right) = \frac{v_2^2}{2g} - \frac{v_1^2}{2g}$$

另一方面，由恒定总流连续方程有

$$A_1 v_1 = A_2 v_2$$

即

$$\frac{v_1}{v_2} = \left(\frac{d_2}{d_1}\right)^2$$

所以

$$\frac{v_2^2}{2g} - \frac{v_1^2}{2g} = \frac{v_2^2}{2g}\left[1 - \left(\frac{d_2}{d_1}\right)^4\right]$$

于是

$$\Delta h = \frac{v_2^2}{2g}\left[1 - \left(\frac{d_2}{d_1}\right)^4\right]$$

解得

$$v_2 = \frac{1}{\sqrt{1 - \left(\frac{d_2}{d_1}\right)^4}} \sqrt{2g\Delta h}$$

最终得到理论流量为

$$q_V = v_2 A_2 = \frac{\pi}{4}\frac{d_1^2 d_2^2}{\sqrt{d_1^4 - d_2^4}}\sqrt{2g\Delta h} = C\sqrt{\Delta h}$$

其中

$$C = \frac{\pi}{4}\frac{d_1^2 d_2^2}{\sqrt{d_1^4 - d_2^4}}\sqrt{2g}$$

8.2.3 实际流量

用体积法测量水的实际流量 q_{Vs}。

8.2.4 流量系数

$$\mu = \frac{q_{Vs}}{q_V} \quad (\mu < 1)$$

（1）流量计流过实际流体时，两断面测管水头差中包括黏性造成的水头损失，这导致计算出的理论流量偏大。

（2）对于某确定的流量计，流量系数还取决于流动的雷诺数，$Re = \frac{v_2 d_2}{\nu}$，但当雷诺数较大（流速较高）时，流量系数基本不变。

8.2.5 文丘里流量计的特点

（1）优点。如果能完全按照美国机械工程师协会（American Society of Mechanical Engineers）ASME 标准精确制造，测量精度也可以达到 0.5%，但是国产文丘里流量计由于其制造技术问题，精度很难保证。国内老资格的技术力量雄厚的仪表厂也只能保证 4%测量精度，对于超临界的工况，这种喉管处的均压环在高温高压下使用是一个很危险的环节，但不采用均压环，就不符合 ASME ISO 5167 标准，测量精度就无法保证，这是高压经典式文丘里制造中的一个矛盾。

（2）缺点。喉管和进口/出口一样材质，流体对喉管的冲刷和磨损严重，无法保证长期测量精度。结构长度必须按 ISO 5167 规定制造，否则就达不到所需的精度。而由于 ISO 5167 对经典文丘里的严格结构规定，使得它的流量测量范围最大/最小流量比很小，一般为 3～5，很难满足变化幅度大的流量测量。

8.3 孔板流量计的原理

8.3.1 孔板流量计

孔板流量计是将标准孔板与多参数差压变送器（或差压变送器、温度变送器及压力变送器）配套组成的高量程比的差压流量装置，可测量气体、蒸汽、液体等的流量，广泛应用于石油、化工、冶金、电力、供热、供水等领域的过程控制和测量。节流装置又称为差压式流量计，是由一次检测件（节流件）和二次装置（差压变送器和流量显示仪）组成，广泛应用于气体、蒸汽和液体的流量测量。

8.3.2　孔板流量计结构原理

流体流经孔板时，流束在孔板处形成收缩，流速增加，静压力降低，在孔板前后产生差压。流体流速越大，差压越大，两个压力的压差与流体的流量成正相关的关系。孔板流量计是通过测量差压，计算出流体的流量大小，这种测量方法是以能量守恒定律和流动连续性方程为基础的，并且减小的程度与流动状态的流体速度成正比。

孔板流量计的组成一般包括流量仪表设备本体、二次仪表和流体组分分析系统，其中的流体组分分析系统具有检测、计算、分析和计算等功能。国家制定了相关标准以利于保证流量计量检测的准确性。孔板节流装置中的孔板用以产生压差，开孔尺寸必须严格按照规定，是孔板节流装置中最重要的结构，还有负责固定孔板位置的孔板加持器和上下游直管段。此外，还需要配置引压管、对焊法兰和直通式截止阀。只有孔板节流装置完全符合行业标准，才可以满足用户的使用要求，保证信号的准确。流体流过孔板时，孔板前后产生压差，如图 8-2 所示。

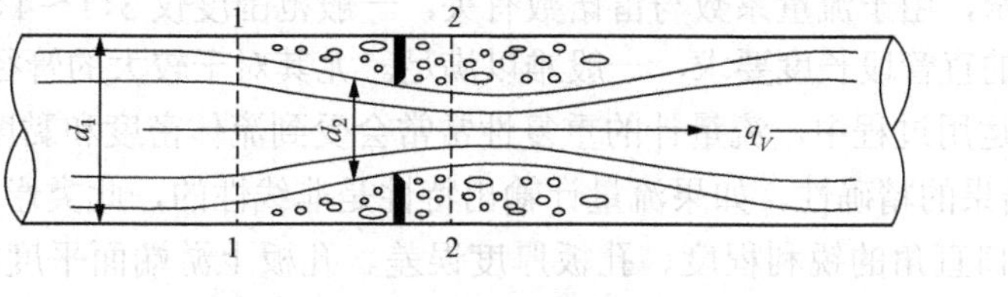

图 8-2　孔板流量计原理示意

其差值随流量而变，两者之间有确定的关系，因此可通过测量压差来计算流量，根据伯努利方程可以得出孔板流量计的标准流量公式：

$$q_V = \frac{\pi}{4} d^2 \frac{1}{\sqrt{1-\beta^4}} \varepsilon C \sqrt{2\rho \Delta p} \tag{8-1}$$

式中　d——孔板内径；

β——孔径比；

ε——可膨胀系数；

C——流出系数；

ρ——流体密度；

Δp——孔板上下游差压。

从式（8-1）可以看出，在孔板、管道、差压、介质及其状态相同的条件下，流量仅与流出系数、可膨胀系数的大小有关。

近几年，随着技术的发展出现了新型双向孔板流量计，其采用孔板不切斜角等方法，实现双向流量测量，与普通单向孔板流量计相比，双向孔板流量计采用双向孔板具有以下特殊之处：①孔板不切斜角；②A、B 两个端面均应符合国家标准中关于上游端面的规定；③节流孔的两个边缘均应符合上游边缘的规定，如图 8-3 所示。

图 8-3　单向孔板、双向孔板对比

8.3.3 孔板流量计的特点

（1）优点。

1）标准节流件是全用的，并得到了国际标准组织的认可，无需实流校准，即可投用，在流量传感器中也是唯一的。

2）结构简单，牢固，性能稳定可靠，价格低廉。

3）应用范围广，包括全部单相流体（液、气、蒸汽）、部分混相流，一般生产过程的管径、工作状态（温度、压力）皆可以测量。

4）检测件和差压显示仪表可分别由不同厂家生产，便于专业化规模生产。

（2）缺点。

1）测量的重复性、精确度在流量传感器中属于中等水平，由于众多因素的影响错综复杂，精确度难以提高。孔板流量计的精确度不仅取决于重复性，还与量指标定系统有很大关系。

2）范围度窄，由于流量系数与雷诺数有关，一般范围度仅 3:1～4:1。

3）有较长的直管段长度要求，一般难以满足。尤其对于较大的管径，问题更加突出。

4）在具体运用过程中，流量计的重复性常常会受到流体密度和黏度等多种因素的影响，进而影响测量结果的精确性。如果流量计输出特性是非线性的，此类影响将会更加明显。

5）孔板入口直角的锐利程度、孔板厚度误差、孔板上游端面平度等孔板流量计自身因素，都会对孔板的重复性造成影响，而孔板流量计的重复性由其自身质量和运用原理决定。

6）流量计输出特性分为非线性及有限性两个类型，大多数流量计的非线性误差不会列出单独指标，通常包含于基本误差范围内。但宽流量范围脉冲输出作为总量积累的流量计，线性度是非常重要的一个指标，使其有可能在流量范围内使用同一个仪表常数，线性度不良就会导致流量计的精确度降低。

8.4 实 验 步 骤

从实验台中找到与实验相关的实验管路。

（1）了解用压差计测压和用体积法测量流量的原理和方法。

（2）对照实物了解选择实验用的管路、仪器设备的使用方法和操作步骤。

（3）启动水泵，给水箱充水，并保持上位水箱处于溢流状态，使水位稳定。

（4）检查实验管路出水测阀门关闭时，压差计各个测压管水面是否处于同一平面上，如果不平，则需排气调平。

（5）先从大流量开始实验。开启实验管路右端阀门，使压差计上出现最大的值，待水流稳定后，再进行测量，并将数据记录入表 8-1 中。

（6）依次减小流量，待稳定后，重复步骤（5）5 次，并按顺序记录数据。

（7）检查数据记录表是否有缺漏，是否有某组数据明显不合理，若有此情况，应进行补测。

（8）实验结束，关闭电源，停止水泵。

（9）打开实验装上的一条实验管路上的出水阀门使水箱中的水放掉。

（10）记录实验管路管径等数据。

（11）整理实验结果，得出流量计在各种流量下的Δh、q_{Vs}和μ，填入表 8-2。

（12）对实验结果进行分析讨论。

8.5 实验分析说明

真正的管道定常流只出现在层流中，大多数工业管道流动均有较高的雷诺数，处于紊流状态。紊流状态下流体通常在速度、压力和温度上出现连续的、无规则的、随机的波动。引起波动的原因很多，都会导致流体产生脉动流。脉动流形成后将会在管道系统中传播，对流量的精确测量带来较大的影响，甚至使流量计不能正常工作。差压式流量计是对脉动流影响最为敏感的一种流量计。

标准孔板流量计与经典文丘里流量计是应用最为典型的标准节流件，由于其结构简单、内部没有可以运动的部件等特点，而广泛应用于测量封闭管道中单相稳定流量，可测量水、油品、空气等流体介质的流量。以上两种测量稳定管道流速是以伯努利方程和质量守恒为基础建立的数学模型，以此数学模型计算流量会产生较大的测量误差。

8.6 实验报告内容

8.6.1 实验前的预习内容（到实验室前完成）

（1）叙述实验目的，以及实验中要测试哪些参数，如何测试。

（2）根据实验项目的名称结合课本上讲的相关内容，设计一台实验装置来达到实验目的，并画出其原理图，说明其实验原理。

8.6.2 实验数据及整理

有关常数：

文丘里管 d_2=______10^{-2}m，d_1= ______10^{-2}m，水温 T=______℃

孔板流量计 d_2=______10^{-2}m，d_1=______10^{-2}m

$$\nu=\frac{0.01775\times10^{-4}}{1+0.0337T+0.000221T^2}=\underline{\qquad\qquad}\text{m}^2/\text{s}$$

表 8-1 实验数据记录 实验台编号：______

项目 序号	文丘里流量计压差（10^{-2}m）		孔板流量计压差（10^{-2}m）		流量测量		水温（℃）
	h_1	h_2	h_3	h_4	计量水体积（10^{-6}m^3）	测量时间（s）	
1							
2							
3							
4							
5							
6							
7							
8							

表 8-2 实验数据计算

项目 序号	q_{Vs}（10^{-6}m^3/s）	流量计压差Δh（10^{-2}m）		$q_V=C\sqrt{\Delta h}$（10^{-6}m^3/s）		$\mu=\frac{q_{Vs}}{q_V}$		$Re=\frac{vd}{\nu}$
		文丘里Δh_1	孔板Δh_2	文丘里	孔板	文丘里	孔板	
1								
2								
3								
4								
5								
6								
7								
8								

8.6.3　分析与思考

（1）文丘里流量计的实际流量与理论流量为什么会有差别，这种差别是由哪些因素造成的？

（2）分析在实验中要保持水流稳定的重要性。

（3）参照图 8-4 所示的尺寸，根据实验相关内容及理论知识进行孔板流量计与文丘里流量计流量测量的误差分析。说明在实验中影响文丘里流量计、孔板流量计流量误差大小的因素有哪些，哪个因素影响最敏感。

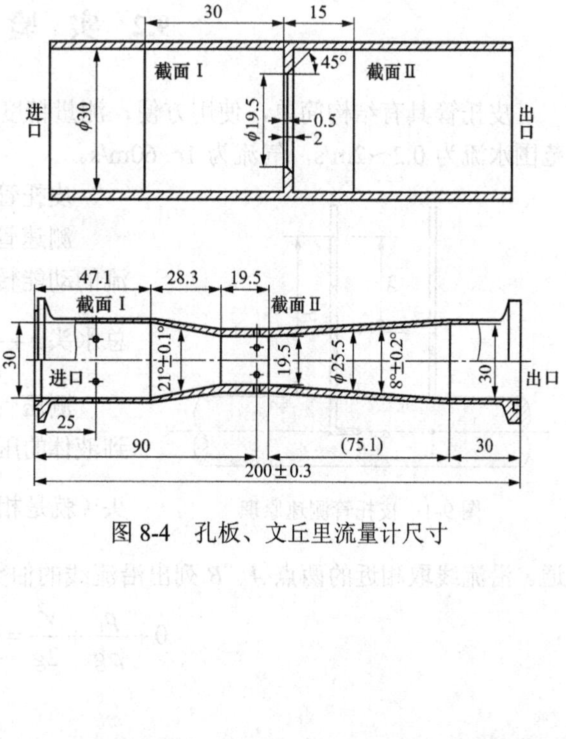

图 8-4　孔板、文丘里流量计尺寸

实验9 皮托管测速实验

皮托管又名空速管，是一种流体点的速度测量仪器，它具有对流场干扰小、操作简易、测量结果稳妥可靠等优点，一直得到广泛的应用，尤其是在室内恒定流流体点流速测量方面。这种仪器是1730年由亨利·皮托（Henri Pitot）首创，后经200多年来的技术改进，目前已有几十种形式，其原理是应用伯努利方程将测量的总压与静压之差转换为速度值，装置简单、易于实现，成本也较为低廉。近几年随着计算机技术的发展，出现了新型的测速仪器——数字皮托管测速仪器，它集皮托管、微差压计（微差压传感器）和计算功能（单片机）于一身，使用方便，可直接显示出测量值。

用皮托管量测水流流速时，必须首先将皮托管及橡皮管内的空气完全排出，然后将皮托管的下端放入水流中，并使总压管的进口正对测点处的流速方向。此时压差计玻璃管中的水面即出现高差Δh。如果所测点的流速较小，Δh的值也较小。为了提高量测量精确度，可将压差计的玻璃管倾斜放置。

9.1 实 验 目 的

（1）了解皮托管的构造。

（2）掌握皮托管测量点的流速的原理和方法。

（3）*测定管嘴淹没流速计算及流速系数。

9.2 实 验 原 理

皮托管具有结构简单，使用方便，测量精度高，稳定性好等优点，因而应用广泛，测量范围水流为0.2～2m/s，气流为1～60m/s。

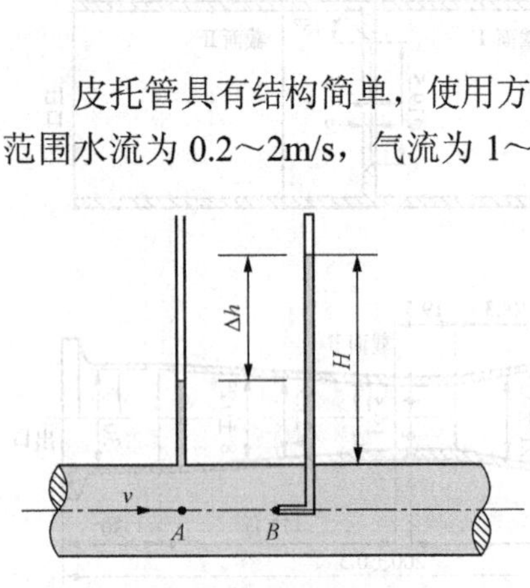

图9-1　皮托管测速原理

皮托管有两根细管，如图9-1所示。

测速管（左）管孔口正对液流方向，90°转弯后液流的动能转化为势能，液体在管内上升的高度是该处的总水头$z+\dfrac{p}{\rho g}+\dfrac{v^2}{2g}$。

测压管（右）管开口方向与液流方向垂直，只感应到液体的压力，液体在管内上升的高度是该处的测压管水头（就是相应于势能的那部分水头）$z+\dfrac{p}{\rho g}$，与大气相通。沿流线取相近的两点A、B列出沿流线的伯努利方程，忽略A、B两点间的能量损失，有

$$0+\frac{p_1}{\rho g}+\frac{v^2}{2g}=0+\frac{p_2}{\rho g}+0 \tag{9-1}$$

及

$$\frac{p_2}{\rho g} - \frac{p_1}{\rho g} = \Delta h \tag{9-2}$$

由式（9-1）和式（9-2）可得

$$v = \sqrt{2g\Delta h} \tag{9-3}$$

考虑到水头损失及皮托管在加工过程中的误差，读数并不恰好等于 A、B 两点水头差，实际应用时，把式（9-3）加以修正，则皮托管测量点流速具体公式如下：

$$\begin{aligned} v &= C\sqrt{2gh} = K\sqrt{\Delta h} \\ K &= C\sqrt{2g} \end{aligned} \tag{9-4}$$

式中 v——皮托管测点处流速；

C——皮托管流速的修正系数，它是实际流速与理论流速的比值，通常是根据实验测试来确定其数值的大小，皮托管质量好时其数值接近于1；

Δh——皮托管全压水头与静压水头差。

实验时，只要能准确地测量 A 点处的压强，测速管就可以方便地测出固定点上的流速大小。为了提高测量的精度，测速管探头可以制成不同的形状。探头的安装角度准确与否直接影响测量准确度，安装时中心迎流孔应尽量对准流体的流向。但是皮托管的测量结果通常受到剪切速度、近壁通流阻塞效应的影响，还可能受到流动情况（如湍流效应或者低雷诺数效应）的影响，同时非标准条件下检测杆和安装角度也会引起附加误差。

9.3 实验步骤

从实验台中找到与实验相关的实验管路。

（1）熟悉实验装置各部分名称、作用及构造。调整皮托管测压探针迎流孔对准实验管中心，紧固有机玻璃螺丝。

（2）开启水泵。

（3）待上位水箱充满水开始溢流后，用吸气球放在测压管口部抽吸，排除皮托管及各连通管中的气体。若液面不平齐可能是空气没有排尽，要重新排气。

（4）先从大流量开始实验。开启实验管路右端阀门，使压差计上出现最大的值，待水流稳定后，再进行测量，并将数据记入表 9-1 中。

（5）依次减小流量，待稳定后，重复步骤（4）5 次，并按顺序记录数据。

（6）检查数据记录表是否有缺漏，是否有某组数据明显不合理，若有此情况，应进行补测。

（7）实验结束，关闭电源，停止水泵，打开实验装置上的一条实验管路的出水阀门，放掉水箱中的水。

9.4 实验结果分析

当采用皮托管测速，可能受到很多因素的影响。通过研究发现以下主要影响因素及修正方法：

（1）安装位置的影响。如图 9-2 所示，当皮托管安装位置以微小量偏离轴心时，皮托管所测总压与试验测试状态点给定的总压的相对误差小于 0.2%，在测量误差范围内。

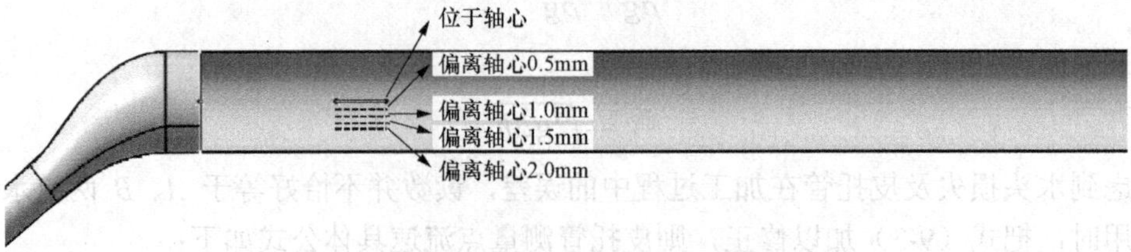

图 9-2 皮托管安装位置仿真

（2）低雷诺数的影响。如果采用管壁取压口测量静压，可能还需要引入额外的雷诺数修正。实验表明，当 $R_{ed}>100$ 时，黏性修正可以忽略。为了避免黏性、湍流等因素可能造成的干扰，选取皮托管测头迎流中心处 $R_{ed}=129$；为了避免管壁取压口选取位置的影响，皮托管将简化为一端敞开、另一端封闭的简单管状几何模型。

（3）剪切速度的影响。采用皮托管测量流体的流速时需要将皮托管置入流场中，测量区域的流体由于皮托管的存在不得不绕流，当地流场的流动情况发生改变，即所测量的流场与没有放入皮托管时的流场相比有一定差别。当皮托管测头前存在剪切速度场时，首先会引起测头迎流处平均压力的非线性变化，从而影响所测得的平均压强。

（4）近壁效应的影响。当皮托管不断靠近壁面处，皮托管与壁面之间的间隙不断减小，通流面积不断减小，流动出现阻塞，如果从流线上观察，皮托管测头迎流中心处的流线与其起点相比产生了向上的偏移量。当皮托管继续靠近壁面，并进入边界层内，会同时受到剪切速度与近壁效应的影响，近壁效应引起的流线偏移与速度剪切效应引起的流线偏移作用相反，且难以定量分析。

通过皮托管测试实验，得出以下主要结论：同一系统不同测点实测值偏差还是比较大的，其误差的大小与实验管路尺寸有关，大流量管道断面积大，测点数量对其影响就越大，对于大断面尺寸测试管，应尽可能多布置测点数量，尽可能减小由于测点数量造成的误差；皮托管测试断面尽可能选择在静压测点后满足要求的直管段上，若选择在静压管直管段上，则应尽可能增加测点数量，降低测量误差。

9.5 皮托管测速的特点

（1）优点。

1）能测得流体总压和静压之差的复合测压管，如图 9-3 所示。

2）结构简单，使用、制造方便，价格便宜，只要精心制造并严格标定和适当修改，在一定的速度范围之内，它可以达到较高的测速精确度。

（2）缺点。

1）用皮托管测流速时，仪器本身对流场会产生扰动，这是使用这种方法测流速的一个缺点。

2）实验时必须首先将皮托管及橡皮管内的空气完全排出，然后将皮托管的下端放入水流中，并使总压管的进口正对测点处的流速方向。但实际应用时，气泡不易排除干净，下端一旦脱离水面，气泡进入后需要重新排气。另外，正对测点处的流速方向也不易实现。

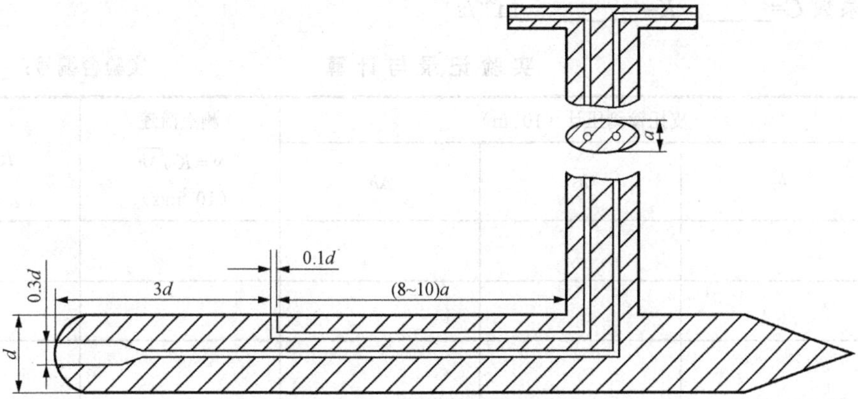

图 9-3　皮托管结构

9.6 实验报告内容

9.6.1 实验前的预习内容

（1）叙述实验目的，以及实验中要测试哪些参数，如何测试。

（2）根据实验项目的名称结合课本上讲的相关内容，设计一台实验装置来达到实验目的，并画出其原理图，说明其实验原理。

9.6.2 实验数据及整理

校正系数 C=_____，K=_________$m^{0.5}/s$

表 9-1 实验记录与计算 实验台编号：________

项目 \ 序号	皮托管测压计（10^{-2}m）			测点流速 $v=K\sqrt{\Delta h}$ （10^{-2}m/s）	$Re=\frac{vd}{\nu}$
	h_1	h_2	Δh		
1					
2					
3					
4					
5					
6					

9.6.3 分析与思考

（1）利用测压管测量点压强时，为什么要排气？怎么检验排净与否？

（2）所测的流速系数 C_v 说明了什么？

（3）皮托管的测速范围为 0.2～2m/s，流速过小或过大都不宜采用，为什么？另外，测速时要求探头对正水流方向（轴向安装偏差不大于 10°），试说明其原因。

（4）为什么在光、声、电技术高度发展的今天，仍然采用皮托管这一传统的仪器测流体的流速？

参 考 文 献

[1] 时连君，陈庆光，李志敏，等．流体力学实验教程［M］．北京：中国电力出版社，2015.

[2] 吕玉坤，叶学民，李春曦，等．流体力学及泵与风机实验指导书［M］．北京：中国电力出版社，2010.

[3] 李玉柱，苑明顺．流体力学［M］．2 版．北京：高等教育出版社，2012.

[4] 张燕侠．流体力学泵与风机［M］．2 版．北京：中国电力出版社，2013.

[5] 毛根海．应用流体力学实验［M］．北京：高等教育出版社，2008.

[6] 张永胜，张毅治，王鹏．孔板与文丘里管脉动流量测量的误差比较［J］．计量技术，2020（2）：63-65.

[7] 王利东．孔板流量仪表研究现状及改进分析［J］．科技创新与应用，2020（26）：102-103.

[8] 张明辉，滕桂荣．工程流体力学［M］．北京：机械工业出版社，2018.

[9] 林彤，周克毅，司晓东．突扩管道流动加速腐蚀模拟研究［J］．热力发电，2019，48（4）：41-47.

[10] 张伟伟，豆子皓，李新涛，等．桥梁若干流致振动与卡门涡街［J］．空气动力学学报，2020，38（6）：405-412.

[11] 张玉莹，朱菁雅，李子豪．皮托管安装位置对总压测量影响的仿真计算［J］．江苏航空，2018（4）：36-38.